思想觀念的帶動者

文化現象的觀察者

本土經驗的整理者

生命故事的關懷者

Holistic

探索身體，追求智性，呼喊靈性

攀向更高遠的意義與價值

是幸福，是恩典，更是內在心靈的基本需求

企求穿越回歸眞我的旅程

佛洛伊德也會說錯話

精神分析英倫隨筆

作者：樊雪梅

【推薦序】

追尋真實的人

樊雪春（臺灣師範大學學生輔導中心副教授、
中華團體心理治療學會理事）

原本我以為，幫雪梅撰寫這本書的推薦序是容易的，身為她的姊姊，我對她的生命參與許多。但我開始書寫時才發現並不容易，因為她學習心理學的每一個片刻，每一件事情，我都是在她身邊參與著的親人，我知道其中的辛苦與快樂，我也了解這本書的誕生背後所有的淚水與歡呼，這一度使我不知道該如何下筆，因為這不是一篇序可以描述的故事。最後，我試著從一個旁觀者的位置來觀看，才找到了一個可以書寫的角度。

我和雪梅已經認識四十多年，她小我二十三個月來到世界，從那時到現在，我們就一起生活著，有著同樣的父親與母親，同樣的弟弟，同樣對心理學的熱情，同樣在精神分析的躺椅上，生活了許多年，談著我們的童年、愛、恨與喜悅。

但是，有一部分的我們是活在一個完全不同的內在動力世界裡，雪梅追求的是洞察力，我追求的是影響力，她成了一位分析師，而我成了一位老師。

雪梅前往英國倫敦學精神分析時，她已經是國立臺灣師範大學教育心理與輔導研究所的博士候選人，只剩下撰寫完論文就可以拿到博士學位，當時她跟我說了一句話：「姊姊，我覺得自己好像還沒學到我要的東西……」。

這句話成為她前往倫敦最主要的動力，她內心渴望要學到她所要的東西。在我心裡，從小到大她一直是一位追求真實的人，追尋著她內在期待的真理。她沒有像我和大部分我遇到的人一樣，只想趕快寫完論文，找到一個位置，安定下來，她遵循她內在的真理而行。

為了這一份真理，雪梅賺錢存錢，倫敦的物價一直是全世界最高的，原本她只準備了大約一年多生活和學習的錢，錢的門檻常讓許多人無法完成完整學精神分析心願。她去到倫敦時開始一周五次的精神分析和塔維斯托克的修課，她也在小學當助理老師，盡可能省下每一分錢，期望自己能完成精神分析的學習，金錢的神奇經歷是這趟精神分析之旅的奇蹟，當我想起這段時間幫助過雪梅的人、恩師、華人心理治療學會、英國政府的獎學金單位，一種滿溢的情感還是在我內心深處迴盪著。

今天，在我寫序的此刻，我的小女兒正好過她十二歲的生日，在她出生三個月的時候，雪梅整理行囊，前往倫敦，我想想這十二年間，艾軒已經從嬰兒、女孩成長到女人的樣貌，時間的過去，象徵著一種成長與成熟，雪梅也在精神分析的滋養下成長與成熟，成為可以深入思考精神分析的人，透過她這本書的詮釋，精神分析的國度有機會完整以中文的形式呈現在人們面前，我認為這是一件非常具有開創性意義的事。

雪梅在精神分析十多年的學習上，會成為華人學習精神分析的一個指標，指示出一條理想的道路可能的路徑。

莫泊桑（Maupassant, 1850-1893）說：「才能是一種恆久的耐性，當一個人在意自己所要表達的一切，並致力於其間發現未知的狀態，獨創性於是誕生。」堅持是一種才華，這種才華完全顯現在雪梅的人生，透過毅力，長期的耐力，對人的觀察，對心理學的熱愛，讓雪梅看見了人們精神層次看不見的細微狀況，這些人的狀況被語言描述、被理解，而人性與療癒的可能性就在述說與理解中發生。

雪梅找到了一件事，不計得失，不計青春地投入著，這種特質是深深讓我敬佩的，也因為如此，她成為臺灣在倫敦拿到精神分析取向兒童心理治療師執照的第一人，她也是第一位被英國精神分析學會接受受訓的臺灣人，她用中文的能力詮釋了精神分析，在這本《佛洛伊德也會說錯話：精神分析英倫隨筆》書中，她以自身的經驗和中文的寫作能力，書寫了一本以中文詮釋精神分析的著作，對中文世界的讀者而言，這小小的一本書蘊含了無數對精神分析的理解與澄清，一想到可以讓得諾貝爾文學獎的莫言這樣偉大的中文閱讀者領略精神分析之美，這書真是一份中文精神分析的禮物。她以中文詮釋精神分析的能力，可以成為華人世界學習精神分析的重要橋樑。

精神分析的理論中，充滿潛意識、引譬，經典的敘述書寫，以英文閱讀本就不易，加上中文翻譯，就常常變成天書，完全不易讀懂。雪梅能從文化的角度書寫，旁徵博引地引注經典，透過英文文化與中文文化的交流，讓這本書更具閱讀性，這本書是心理學，我想也是文學，是屬於精神分析文學的一部分。

美好的文字能力是一種文學，佛洛伊德本身也曾因文字書寫得到德文世界最重要的獎項「歌德獎」，他是一位心理學家，也是一位文學家。我想這本《佛洛伊德也會說錯話：精神分析英倫隨筆》也能在中文文學的歷史上，留下一個位置。

我已經在生命的不同階段中閱讀了雪梅書中的文章，文章中精神分析的大師就在身邊，和我們聊天，像個鄰居的老爺爺，啟發我們對於心靈內在的理解，我很歡喜這本書的完成，像是一段精神分析的旅程有了段落，我想這是一個開始。而另一個階段的開始，則是期待雪梅回臺灣後，對於中文世界的精神分析有更深層的貢獻。

追尋的痛苦終究會過去，真實將會永遠留存在歷史的位置上。

【作者序】

慶祝生命的圓滿

一轉眼，十二年。

十二年前困擾我的種種不再是問題：簽證，語言，生活，工作，金錢。

如今，我已落地且有根。這本書記念這個過程。

書中收錄了我自二〇〇三年以來發表在《諮商與輔導月刊》及自己的部落格中的文章。許多文章中的情緒屬於發表時的當下，現在再談同一個主題，恐怕行文之間流露的情感會極不同。保留原貌是尊重成長學習中的自己。

十二年來，對精神分析的熱愛及瞭解漸增的同時，明白精神分析一如眾多其他人類知識文明，同時是獨特唯一，也是日常一般。它是一門獨特的學問，也是人類日常心智生活的天天。如同喝水吃飯一般平常。平常看待便不需要奉之為神喻，也無需抵毀如仇敵。做為一門學問，精神分析是了不起的。在我與兒童及青少年工作的這些年，我親眼目睹孩子及少年們如何受益，在有人承接並試著瞭解其各種情緒及潛意識幻想的狀況下，他們很快地從禁錮的情緒困境裡脫身，繼續其發展的路。而那些外在環境極度惡劣或天生能力有缺陷的孩子們，雖然進展緩慢，但我亦清楚看見，心理治療如何成為其困苦人生裡的一絲希望。它也給了我希望，使我在自己的情緒世界裡享受較多的自由。作為被分析者，我亦經驗了精神分析如何活化了我的情緒生命，幫助我不再活在禁錮的情感世界裡。這十二年走過的，是一條漸漸脫去層層的「我」，而變成「我」的過程。

二〇〇一年十月，我開始於塔維斯托克中心（Tavistock Centre）修習精神分析觀察研究（Psychoanalytic Observational Studies），兩年的嬰兒觀察及一年的幼兒觀察，學習以精神分析的態度瞭解人類原初沒有語言的情感世界，及其中所可能的潛意識經驗。二〇〇四年七月，拿到精神分析導向觀察研究碩士後，我開始為期四年的兒童及青少年精神分析導向心理治療臨床訓練。四年裡，我全職在塔維斯托克兩個部門工作：兒童及家庭部（Child and Family Department）和學習及多重障礙者心理治療門診中心（Learning and Complex Disability Service, LCDS），職位為實習兒童及青少年心理治療師。這四年在塔維斯托克全職工作及受訓，有幸與該中心資深的心理治療師及分析師們一起接案，近距離地學習精神分析導向心理治療的精髓——現場實做的精神分析是什麼樣貌。這樣的機會百萬分之一，我覺得自己極其幸運。訓練期間，三個一週見三次的病人：五歲、八歲、十三歲，分別接受 Judy Shuttleworth、Lisa Miller 與 Emil Jackson 督導。其餘一週一次及兩次的病人以及父母諮詢，則得以在督導小組裡討論。LCDS 團隊裡則有幸與分析師 David Simpson 與心理治療師 Lynda Miller 共事，並接受其督導，學習如何使用精神分析治療有學習障礙、多重障礙、心智能力低下或患有重病的病人。這四年豐富的課程及紮實密集的督導深化了我對精神分析理論如何在現象場裡實踐的認識。

　　塔維斯托克中心（Tavistock Centre），一所精神分析導向心理治療門診醫院，亦是世界聞名的訓練中心，致力於推廣精神分析思考。近年來，其訓練已不再限於針對從事精神醫療的專業或相關人員，亦包括針對學校工作人員、社工、組織機構等任何與人工作的團體或個人，以及單純對精神分析有興趣，希望從精神分析的觀點看社會現象、文學作品、藝術創作的人。這所聞名的精神分析訓練重鎮近年來與東倫敦大學合作，設置各種有文憑的課程。在推廣精神分析之應用，塔維斯托克中心可以說是成果豐碩。這背後的動力當然除了對精神分析的熱情外，亦為了解決該中心自身的生存危機。英國所有健保醫療機構及大學近年來面臨相同的困境，需要自行籌款。塔維斯托克身為臨床訓練機構也需拓展其財源，於是多設課程，與大學建教合作，也接受短期的參訪修課。

二〇〇七年初，我於塔維斯托克中心的訓練已走到可以看見終點的時間，回臺灣的日子在即，我一方面歡喜回家的日子近了，一方面也依依不捨。這依依不捨使得那日上課前十分鐘與亦提早到教室的授課老師，精神分析師 Alberto Khon 的談話種下了我想在離開倫敦之前，為自己申請精神分析學院臨床訓練的想法。我同 Khon 提到種種傳聞，聽說精神分析學院不收東方人——其實是日本人，因為日本人來得早，已有人申請被拒或被要求過一、兩年再來，而已經被接受的少數幾人，在受訓期間給人一種學不到精神分析精髓的印象。於是，東方人可能因文化或其他不明的原因不適合學習精神分析的說法漸漸傳開。這個傳聞漸漸變成英國精神分析學院對於遠東來的申請者持保留的態度，這看法當然會與「精神分析能否在中國發展」密切相關。Alberto Khon 鼓勵我，他說：「我知道精神分析學院有令人難解的篩選門檻，不過，還是值得一試。」他的態度在我心裡種下希望。當年二月我便開始打探如何申請。在拿到十六頁長的申請表之前，我與分析師 Julia Fabricius 見了一面。這一面見了約莫四十分鐘，之後，Julia 開玩笑地說，見我是為看看我是不是瘋了（to see if you are mad）。這話倒是成了後來受訓中同學們彼此嘲笑自投羅網的用語——「我們八成是瘋了，才會選擇如此費時費生命費錢的訓練，日子過得好好的，真是沒事找事。」

十六頁的申請表裡除了一般會有的學經歷及著作外，也探問關於個人與父母的關係及個人如何發展出對精神分析的興趣。完成這份申請表時，我開玩笑地對自己說，可以出自傳了，重要資訊及材料都收齊了。

兩次面試，每次都像在情緒上脫一次水。當精神分析學院接受我為受訓者的信寄到時，我快樂地煩惱起來——那這會兒還回不回臺灣呢？於是接下來兩年的時間都在掙扎究竟要不要把握這幾輩子才有一次的機會。決定留下來接受訓練時，心情總是被回家、回臺灣的想法拉扯著。很難休息。

二〇〇八年，因為參加了英國精神分析學會辦的國際研討會，因緣際會地到波特曼心理治療中心（Portman Clinic）參加他們週五例行的臨床案例討論會。這次的經驗讓我對治療性變態及罪犯的精神分析師們產生極大的興趣。他們彼此之間的相互支持及在討論理論時的彼此切磋所產生的交流深度令我由衷佩服。基於想更瞭解這一群與如此高難度的病人工作的治療師，我決定到這英國唯一治療性變態及性／暴力罪犯的心理治療中心當義務心理治療師，與有成為性加害者可能的兒童及青少年工作。這一做，四年。四年裡，學習評估性侵受害者及加害者（兒童及青少年）的心理狀況，評估其接受心理治療的可能性；學習治療正在發展出戀童癖的青少年。

貼近這人類意識層裡最幽暗的世界不是件愉悅的事。許多時候，病人會極盡所能避開最核心的議題——他們的變態性幻想及伴隨這個幻想而來的行動壓力。會談兩年了，病人還沒告訴你將他帶來此中心接受治療的主要問題，是常態。會談兩年後，第一次聽到病人談到最讓他／她興奮的變態性幻想（perverse sexual fantasy），是常態。所有來談的病人都希望自己只是一般人，有著一般人的問題：與愛侶的關係衝突、與子女的親子問題、與同事無法共處或合作、工作壓力、生活適應、個性缺陷……族繁不及備載，但就是不碰那讓他成為加害人或可能成為加害者的病症。而當病人開始能陳述其病態或暴力幻想，面對其主要病症時，也是治療師開始意識到自己的有限的時候。這類病人的性幻想及衝動結合了施虐及受虐的特質，肉體及心智的受苦變成其性愉悅的主要來源，其內容往往衝撞治療師的道德極限及胃腸承受令人作嘔之性幻想的能力。

在波特曼心理治療中心工作四年，與在塔維斯托克診所治療心智及多重障礙者的經驗，在內容上十分不同，但其精髓卻有相似之處。精神分析並不能改變病人的心智能力及障礙程度，但它能協助病人發展出較成熟的人格及情緒，使他善待自身的障礙，於是減輕因憎恨自身障礙而帶來的二度障礙（因著情緒及人格較成熟，當然病人有可能發展出較好的心智功能，於是某些病人確實會在治療後，智力增加。）同樣地，精神分析無法消除病人的病態性幻想，但可以協助病人發展出較成熟的態度來防止他於現實世界裡實踐其病態幻想。這個過程得經年累月，甚至有時長達二、三十年。在目前英國政府嚴重刪減預算，限制心理治療期限的現實壓力下，波特曼心理治療中心亦面臨無法實踐其理念的困境。

二〇〇九年九月，我開始了在英國精神分析學院的臨床訓練。完成一年的嬰兒觀察後，於二〇一一年二月開始分析一週五次的病人。一週五次的精神分析確實與其他頻率的心理治療十分不同，分析師與病人之間的移情張力清楚地開展，而每週一次的督導也大開我看見潛意識的眼界。我很幸運地接受 Irma Brenman Pick 督導。Brenman Pick 分析師曾是英國精神分析學會會長，她是學會裡最資深的分析師之一，與 John Steiner、Ron Britton 同一輩。W. Bion 是她受訓時的督導。我常在督導裡聽她提起當年 Bion 督導她時對她說的話。因為這層關係，我自己暗暗地歡喜 Bion 是我直屬的祖師爺。Irma Brenman Pick 對英國精神分析有關鍵性的貢獻。一九八五年，她發表的文章：〈修通反移情〉（Working Through in the Counter-Transference）是當代精神分析探討反移情的重要文獻。這篇文章延續 Strachey 的經典文章，〈精神分析治療處遇的本質〉（The Nature of the Therapeutic Action of Psychoanalysis, 1934）裡的重要概念：深度的移情經驗對分析師而言是痛苦而難耐的折磨；分析師很自然地會害怕進到其中，會很自然地想避開。於是分析師如何在診療室裡經歷這個過程，並安靜地理解，消化，將之轉化為語言，平靜地說給病人聽，對病人十分重要。在接受督導的這兩年多的時間裡，我常驚嘆於她對潛意識溝通的洞見。往往在督導後的一週裡，我會親眼看見我的病人呈現 Mrs Brenman Pick 在督導裡所預見的內在歷程。「先知」大概是這個意思吧，指的是那些可以從我們看不出個所以然的現象裡（診療室裡則是被分析者帶來的素材）看見「所以然」（「預兆」）的人。我們心裡驚嘆：「你怎麼知道？」他們心裡感嘆：「你的病人已經在他說的事情裡告訴你了啊！」我們心裡迷惑：「哦，怎麼我沒看見，也沒聽到？」這就是資深分析師與受訓分析師的差別。

二〇一二年十一月，我開始分析我第二個病人，並接受 Robin Anderson 的督導。Robin Anderson 的大名我仰慕已久，他是督導級的兒童與青少年精神科醫師、資深精神分析師，於塔維斯托克心理治療中心的青少年部工作多年，曾是該部門的主任，目前已從塔維斯托克退休，專職精神分析，督導及教學。猶記二〇一一年年底，我在連絡並探問誰可以任擔我第二位督導時，已被拒一回，所有我心裡想要的督導也是大家想要的督導，這些人都很忙，我與 Mrs. Brenman Pick 談及此事，並告訴她，我心裡的第一人選已經回拒我，說是太忙了，沒有空。我心裡想，Dr. Anderson 就更不可能啦。Mrs. Brenman Pick 未告訴我，但當天便打了電話給 Dr. Anderson，請他特別為我找出時間，所以當我連絡上他時，他特別告訴我，他接到 Brenman Pick 的電話，他會認真地看看他的時間，會想辦法找時段給我，但他不能保證一定有時段。我萬分感謝。就在聖誕節前，他通知我他會有個時段給我，我馬上收下，並排開原本該時段的工作，心裡知道，這千載難逢的機會是一定得把握。事實證明，他的督導確實幫助極大。我常在督導中，被醍醐灌頂。當然我瞭解 Dr. Anderson對潛意識的洞見是奠基於對診療室裡精神分析歷程的理解，但是這減少不了每回接受督導時的驚嘆。潛意識歷程確實很神奇，佛洛伊德的不朽便在於此。他看見了人七情六慾的根本，以及這七情六慾如何流動，如何受外在世界的影響，又如何互相影響。這個潛意識歷程，在診療室裡稱為精神分析歷程（psychoanalytical process），精神分析實務的奧妙之處即在瞭解並詮釋此歷程。掌握此歷程即掌握了理解病人潛意識之鑰。然而如同夢可以有不同的解法，不同精神分析學派對如何趨近潛意識並尋找意義有不同的看法。這並不表示我們可以任意解釋，良好的統整性及闡釋力是一個理論能否真實貼近潛意識的基本條件。

如此走著走著，走到了訓練的最後一個階段，雖然此刻正是訓練處在最繁重的階段，但結束臨床訓練的日子不再遙遙無期，而是指日可待，心情於是輕省許多。好像身體及心境已建立一種習慣：思考及生活、享受及工作，可以相融共存，人生走到了一個可以和自己安靜生活在一起的狀態，內在的不安及衝突漸漸平息——感謝我的兩位分析師 Michael Mercer 與 Naomi Shavit 十二年來的陪伴及分析——這一生追求的已在手中，可以不急不徐地呼吸行走，看見意識及外在世界的同時，亦感受到潛意識及內在世界。此種同時看見多重風景的狀態令人滿足。於是，在這個時刻出版我的第一本書，像是舉辦一場個人的慶典。慶祝生命的圓滿、慶祝可以打從心底和自己相愛。以此書為一記念，送給自己——一個與十二年前一模一樣、又完全不同的人；並用來感謝我原生家庭裡的每個人，我的父親，母親，及姊姊雪春和弟弟潤武。

二〇一三年五月

Primrose Hill

London

目次

輯四　精神分析發現之旅／183

輯一

放逐或是追尋

倫敦經驗及隨想

二〇〇三年的第一天，打電話給我的導師狄莉絲・道斯（Dilys Daws）[1]拜新年。聽到我的恭賀新禧，她很高興地說她正在想著我呢，接著便要我到她家裡坐一坐。「介不介意有個嬰兒在？」她問。「不介意，我喜歡嬰兒。」我說。這嬰兒叫露薏絲，是狄莉絲的繼孫女，她第二任丈夫在第一次婚姻裡生的兒子的女兒。聽起來似乎很複雜，但在此地卻是非常普遍。不是有個笑話嗎：「你的孩子和我的孩子打我們的孩子」，二十一世紀的家庭組成份子大概就是這樣複雜。我們在艾瑞克・雷納（Eric Rayner）[2]的書房裡和嬰兒玩。我用中文和嬰兒問好，她笑。我對狄莉絲說，在此地和嬰兒說中文很好玩，因為嬰兒總是有回應。狄莉絲笑說，反正她們還搞不清楚大人在說些什麼。接下來的兩、三個小時，我與嬰兒互動時便說中文，她時而凝視著我，時而微笑，當我說話時，她總注視著我，有時咿啊說話。我們似乎溝通得非常良好。她拍手，用食指指著某物或祖母或祖父，咿呀學語，我們三個大人笑著。狄莉絲對嬰兒說，瞧，我們這麼容易就被妳逗笑了。我繼續和嬰兒說中文，覺得她懂得我的意思。當我們移動到廚房時，她爬向上二樓的樓梯，我喚她回來，對著她招手並說：「來吧！回來好不好？」她深藍的眼睛透露著笑意，然後向我爬過來。我也笑了，對狄莉絲說，嬰兒懂得中文。狄莉絲笑說，顯然是這樣。

我第一次和從來沒聽過中文的嬰兒說中文是在二〇〇二年七月，回臺灣過暑假前。我的同學賈姬（Jackie）邀請我到她家小住四天，我到的那天，正好賈姬的孫女也在，我同她玩耍時和她說中文。她咿咿啊啊地回應我，彷彿懂得我在說什麼，十分有趣，我有種深深被孩子接納的感動，她並不在意我用什麼語言同她說話；更有趣的是，她還會同我對話。於是我非常自在地和她說著她從來沒聽過的華語，而我們便這樣「雞同鴨講」地和樂融融。在狄莉絲家與她孫女露薏絲的經驗也和前一次一樣溫暖。

不多久，艾瑞克在書房的工作告一段落，也到廚房來同我們聊天。露薏絲開始嗚咽起來，我們忙著弄清楚她要什麼。看來她是睏了或餓了。狄莉絲給她一杯奶，她喝著喝著，爬到桌子底下去。又一會兒，狄莉絲低頭看看她，發現她打翻了牛奶，弄濕了褲子，我們手忙腳亂地收拾一地的牛奶。露薏絲揉揉眼睛，嗚咽地哭起來。收拾了地板後，再脫了露薏絲的長褲將她放進嬰兒車裡，安頓她入睡。在狄莉絲忙著安頓她時，她仍嗚嗚地哭著，我拿著玩具逗她，用中文唱兒歌給她聽，她專心地看著我，看著我，看著我手上的布偶大蜘蛛。我用中文數蜘蛛的腳給她聽，她專注的眼神使我不得不下這個結論：她懂得中文！

語言作為溝通及表述的工具

這兩段與嬰兒互動的經驗引發我的好奇：什麼時候，我們開始深深仰賴語言的字義（the linguistic sense of language）？我想著嬰兒並不對字面的意義做反應，她對眼前這個人的臉部表情、聲調、肢體動作及此人散發的情緒狀態做反應。想到丹尼爾．史登（Daniel Stern）在《嬰兒的人際世界》（*The interpersonal world of the infant*, 1985，暫譯）一書裡談到從語言中獲得的自我感（the sense of a verbal self）

時所言，語言是一把兩刃的劍。有了語言後，嬰孩開始有了可以言說的工具，可以將許多無以名狀的情感化成字句，這讓孩子有了新的、與父母溝通的工具，釋放了一些原先無法描述的情感所引起的焦慮。狄莉絲在她的著作《夜未眠：幫助失眠的嬰兒及父母》中也談到，孩子能使用語言將所做的惡夢說給父母聽，有助於他不再為惡夢所擾，而能安然入睡。但有了語言後，另外一種情況是，孩子會在某些時刻感受到語言窄化了他的整體經驗。

> 有時語言可以攫取整體感受，將這些感受表達得淋漓盡致，但語言也有無法充份表達個體所體驗到的整體感受的時候，甚至會使我們遠離那些原始的整體感受，將原始豐富的感受異化。
>
> The language version and the globally experienced version do not coexist well, the alienating effect of language on self-experience and togetherness.（p. 175）

或甚至，當我們太過依賴使用語言來進行思考，恐怕我們同時也失去現象場同一時刻所發生之種種無法言說的交流互動，而離我們原始的感受愈來愈遠。然而，意識層面未知覺的，並不表示潛意識層面也一樣略過。潛意識的溝通內容往往才是決定人如何行動的關鍵。

語言、思考及表達

赴英之初，在痛苦適應了十六個月之後，我不再那麼清楚地拆解對方在表述時所使用的英文字句。想起初來乍到時，我發覺自己的美式英語彷彿是種外星語，與英國人談起話來，發現他們的英文是另一種「英文」。慌張。非常慌張。當然其中包含著人生地不熟的恐懼和不安。為了學會使用另一種語言表述，我刻意拆解分析本地人的口述英文，學習新的單字，及文法。現在，這些單字和句法漸漸隱去，成為模糊的背景，我意識到有些時刻，我即使不明白對方所用的字句，也能正確知道她要表達的意思，不過我的回應通常會慢半拍。過程中，我看見自己如何將原來中文思考系統轉換成英文思考系統，是一個非常有意思的過程。如同某位一起在英國修習精神分析的同好所言，他在臺灣時讀原文書，總先將它轉譯成中文再加以理解，現在，則無法這麼做，因為太慢，他所擁有的反應時間是很短的。我發現在表情達意時，也不能先思考中文，再轉成英文，必須完全使用英文思考，然後表達。

如何切換?我觀察到自己將所有的感受還原為史登所謂的「整體感受」（global experience），這個過程裡，我自發地使用許多視覺圖象，並用視覺思考，然後將視覺圖象與英文作聯結。中文則擱置在一旁，暫時休息，不運作。當我慢慢熟練英文的運作方式，便較少抱怨這「二手語言」（second language）無法傳遞我個人的「一手經驗」。同時，我也看見自己漸漸將自身的情緒「附加」（attach）到我所使用的語言——英文。然後，當我在表達時，這些字詞才有了感覺。我的中文，充滿了各種情緒，因為它已經不再只是語言，當我說「我很難過時」，這幾個字裡蘊含了我的情感——悲傷。因為它是那麼貼近我，以致於不再單純只是語言本身。如今，我也在學習，賦予英文種種情感，當我的主觀經驗與英文之間的距離漸漸縮短，我看見我的英文開始有了我的感覺。就像我的好朋友摩耶子給我的回饋，她說她發現我的英文漸漸有了表情。

然而，還是有找不到字表達的時候，挫折感便油然而生。我總提醒自己，即使說中文，這樣的經驗也並不少見，免得放大了自己的挫折感，造成一蹶不振的效果。英文裡有個非常好的字，resilient，牛津字典的解釋是：（of an object or material）springing back to its original form after being bent, stretched, crushed, etc; springy。精神分析導向的心理治療理論近來常提到這個字，因為發現創傷並不意味著必然會有後來的各種不適應行為或精神官能症狀。有些經歷過創傷的孩子因著後來有助益的環境，而發展良好，或甚至環境一直很險惡，卻有些孩子能「出淤泥而不染」，心理學家說 these children are resilient，亦即他們具有自我修復或自我復元的能力。團體工作坊裡，督導蘇珊・瑞德（Susan Reid）[3]在面對大家抱怨在學校帶團體、做心理治療會面臨的挫折時，除了詮釋不同組織系統之間動力的意義外，也勉勵大家要有自癒的能力（to be resilient）。對於我這個異鄉人來說，這個字更具意義。除了身邊朋友的支持、老師的協助及分析師的陪伴，我的自癒潛力也是關鍵之一，以便走過日日都豐沛供應的挫折。

每一次面對挫折，都是一次重新選擇。可以選擇「就地陣亡、草草掩埋」，也可以「重新開始、再來一次」。我呢，常感覺自己在「就要氣絕身亡」的緊要關頭，

「置之死地而後雜草叢生」，然後，再好好將一堆亂草修剪成花園。

語言不必然是思考的工具。語言學家早在多年前即發現此道理。記得在鄭昭明的《認知心理學：理論與實踐》一書中讀過一個偉大語言學家的賣命演出。他為了確認思考與口述語言的關係，特別請助手將他全身麻醉到聲帶完全不能使用的地步，以便瞭解人在思考時是否需要借助口述語言，即是否會振動聲帶。還好他活了過來，所以可以告訴我們他的研究結果，思考並不需要透過成形的語言。若我們都同意在語言發展出來之前，人類就已經在思考，那麼，學習使用另一種語言表達思考時，還原思考的原始狀態，再將它與另外一種語言聯結，大概會是不錯的方式。我對找到這方面的文獻極有興趣，因為它與嬰兒當年從無語言狀態進到語言狀態有極類似的過程。

從觀察我那兩歲六個月的幼兒中，我也看見正處於學說話（language acquisition stage）的孩子在面對語言時的反應，及他們如何漸漸進入這個系統裡，成為語言使用者的一員。其中，有些現象與我這個異鄉人面臨「不知對方所云」時會有的反應現象極類似。那已經提取不到的記憶中，必然也有許多挫折和茫然的時刻，像現在的自己經歷到的一樣。

分析中不能使用母語所造成的挫折

究竟，在分析過程裡病人若不能使用母語，會有哪些阻礙？出國前，我非常焦慮於如何以英文表情達意，來到倫敦後，這些焦慮天天與我同在。白美正博士告訴過我，她在美國時，有個同事覺得使用英語無法貼近他最原初的經驗，他於是每個星期從紐約飛到芝加哥，在芝加哥待三天，接受一個使用相同母語的分析師分析，然後再飛回紐約。

二〇〇一年十月，我參加了一場由佛洛伊德博物館（Freud Museum）與《英國心理治療月刊》（*British Journal of Psychotherapy*）主辨的研討會「自由聯想與潛意識」（Free Association and The Unconscious）。與會者有人問及，分析師如何處理病人使用第二語言（英文）表達、覺得第二語言難以貼近其主觀經驗的問題。講者之一，凱洛琳・格蘭（Caroline Garland）[4]所提出的觀點，我個人非常欣賞，她說：「language limit, but not emotion limit」，她認為即使語言有限，病人的情緒表達是非常豐富的，並不受限於其字彙與文法。雖然如此，她認為尊重病人這樣的感受是很重要的。她提到有一回，她的病人要求帶口譯一起來談，她同意了，於是她的病人帶口譯進到診療室，幾次晤談後，當病人對她比較熟悉，不再那麼擔心自己的英文無法表情達意，她便會邀請病人自己來談。這病人接受了這個提議，一方面是經驗到分析師對他的瞭解並不受限於口述語言，另一方面，病人也開始想要和分析師單獨見面。

回到我在文章一開頭所談，溝通時，語言的有限並不表示人與人之間無法有深刻的溝通。大概每個學會傾聽嬰兒身體語言的母親都會同意我的看法，她們與嬰兒之間並不需要語言來進行深度的溝通；精神分析導向治療師或精神分析師在接受訓練的過程，也在培養這樣的敏銳度。但，當「病人堅持無法使用母語，他與分析師之間就有了一道牆」時，分析師會怎麼處理，及他如此處理背後的假設為何，便是個非常有趣的討論主題。有個分析師在病人埋怨他的第二語言（法語）無法淋漓盡致地表達他夜裡做的夢，分析師便要病人使用他的母語來表達。病人照做，並發現，他的自由聯想內容與他使用法語時是不一樣的。這病人用母語描述完他的夢及其聯想後，再翻譯給分析師聽。

這是發生在法國的故事，而在英國也有分析師這麼做。那是我開始接受分析的頭兩、三個月，我對狄莉絲埋怨英文無法表達我的真實情感時，她提到目前有些分析師會讓病人先用母語將想說的講一遍，再請病人翻譯成英文。不過，不管是允許病人帶口譯，或是讓病人使用母語表述，強調「移情詮釋」的分析師同時也會詮釋病人藉由這些舉動想述說的、他對分析師的情感和想法，就像我的分析師會做的。他進行詮釋時，有時會有一、兩個單字是我不知道的，當我問他某個字的意思時，他總會在做完「英文單字解釋」後，再詮釋我當下的焦慮，也許是我的脆弱、我的質疑或我對「我與他是如此不同的兩個個體（他用英文，我用中文）」的焦慮，端賴當下的脈絡如何發展，以及我如何呈現我的心智狀態（mental states）。我發現自己對於不能使用母語有各種形式的埋怨，其中有些是客觀事實，但其中確實也包含了我個人的生命議題。分析師得小心地分辨哪些單純是「語言問題」，哪些是「根源於嬰兒期的焦慮」，若單單視其為前者，很容易失去治療的契機，若只是專注於後者，完全不考慮現實狀況，也很容易造成病人不必要的挫折，並混淆他對客觀真實的知覺。

此外，我們也還可以從另一個角度來思考這個問題，「與我說相同母語的分析師是否就一定比較能瞭解我？」這個問題還能擴大為：「是否與我有相同背景——同一種族、同社經地位、同學歷背景——的分析師或治療師比較能瞭解我？」或者，同樣背景反而會形成共同的盲點，對一些心智現象習而不察？

關於分析師的種種

新年第一天，在狄莉絲家裡，抓到機會便問艾瑞克，誰決定分析師幾歲退休啊？那些受訓要成為分析師的人是怎麼找到他們的分析師的呢？在決定誰當誰的分析師時，考慮的因素是什麼？我心裡想的是，「誰是分析師仲介商？」我說，「這樣的仲介也許就像做生意一樣。」聽起來非常商業化。狄莉絲笑著說，精神分析就是一群人組織起來做的一門生意。她說，她曾這樣告訴某人，這人把分析師的話當神的話一樣看待，而這樣的人還真不少。她這樣強調是為了提醒對方「分析師也是人」。這不就像當時年紀小，把「我爸爸說」當作「神說」一樣？我想，被分析的過程也包括對分析師幻滅——原來他也是人，原來他有時也會忘了開門（就是我的分析師），原來她有時候也會睡過頭（我朋友葛蕾絲的分析師），原來他有時也會閒話家常，告訴病人他高雅的診療室是透過沉重貸款而來（另一個朋友麗茲的分析師）……。原來，他不是萬能的神——不能賜給我神奇的力量（希望你看過「太空超人」這部卡通，男主角每次變身時，總會呼喊：「萬能的神，請賜給我神奇的力量」）。

幻滅是成長的開始。然而困難的是，什麼時候，這些「平常人都會有的舉止」反映著「分析師也是人」的常態，什麼時候，「這常人會有的舉止」會是判斷此人已經踰越專業的規範，而成了「不適任的分析師」？像是八卦其他分析師的私人生活，是否應以「分析師也是人」來接受，或是應該到分析學會去申訴？被分析者，一個必然會愛上分析師的普通人，很難判斷他所愛的分析師是否已經不適任。

艾瑞克回答我「退休的條件是什麼」時說，「一般來說七十六歲以後不能接分析學會主席，不能再接新的病人。不過我是因為個人因素。我的記憶力退化到一個地步，不再能記得病人的名字，我便決定不再接新的病人，並開始準備結束手邊的分析。」狄莉絲說分析師有這樣的自覺很重要，因為病人很難主動提出他已經覺得分析師不再適任。就像被錯待的孩子仍會維護不適任的父母一樣，在分析中，即使自己的分析師踰越了界線，被分析者也很難分辨自己是否被不當對待。再加上，診療室裡處理的就是病人的主觀世界——幻想，要分辨「分析師真的不適任」和「我幻想我的分析師是個不適任的分析師」實在不是件容易的事。

艾瑞克告訴我，他有一些同事，已經是他的年紀，仍在接病人。何時退休實在很難說。退休了的艾瑞克仍然很忙，他還有些想寫的文章，想整理的文件，有時，他也畫畫。廚房裡的燒水器上有著一張吐著舌頭的女人的臉。我問狄莉絲那是誰作的畫。「是艾瑞克。」她笑著說，退休了的他時間多，她常常在出門一段時間後回來發現一些此類的驚喜。待在客廳時，我發現另外一張臉，畫在黑色的皮球上。顯然是艾瑞克的另一佳作。狄莉絲笑說我已經可以辨識出他的畫風。艾瑞克有種黑色幽默感。

我們在廚房裡談著如何找分析師時，狄莉絲說：「約翰．鮑爾比（John Bowlby）介紹他的朋友當我的分析師，他說：『那是我朋友。』」我心裡想，「哇！約翰．鮑爾比！哇！約翰．鮑爾比的朋友！」這樣被託付給自己的分析師真是美好。

艾瑞克的分析師前後讓佛洛伊德與梅蘭妮・克萊恩（Melaine Klien）分析，所以算起來，佛洛伊德與克萊恩是他的分析師祖父母（analytic grandparents）。「哇！」我忍不住驚呼。艾瑞克笑著搖頭說，這其實不算什麼。我說這可真是「算什麼」，若畫起家庭樹狀圖，這真是一種榮耀啊！咦，不是才說分析師不是神的嗎！嗯，也許我該修正，我的分析師是人，不是神，不過呢，佛洛伊德和克萊恩是神，是已經被立成神主牌早晚膜拜著的神。如果我早晚三柱香，佛洛伊德和克萊恩會不會保佑我打通任督二脈，對精神分析一通百通？

克萊恩傳奇

露薏絲打翻牛奶後，我一邊四肢著地，擦著桌子下一地的牛奶，一邊興致勃勃地問艾瑞克，克萊恩是不是個很難搞的女人（was she a very difficult woman?），艾瑞克出現老先生陷入陳年往事時會有的入神表情，談起那孤單寂寞的女人，梅蘭妮・克萊恩。他說她的學生們非常保護她，特別是漢娜・西格爾（Hanna Segal）和貝蒂・約瑟夫（Betty Joseph）。她的一群學生總輪流在課堂結束後，送克萊恩回家，一切都安排得非常好，對克萊恩有體貼入微的保護。這話不假，因為多年後，我在另一場演講聽到爾瑪·柏曼·必克（Irma Brenman Pick）描述克萊恩到丹麥講演時，身邊有六個壯漢保護她，這六個壯漢當中包括比昂（Wilfred Bion）、賀伯特·羅森費爾德（Herbert Rosenfeld）、溫尼考特（Winnicott）。而如同大家都知道的，克萊恩確實是個很難相處的女人，她也很孤單，會抓到人就說話。有一次，她回到家，抓住坐在臺階上的一個男孩，足足開講半個鐘頭。我心裡想，可憐的男孩，同時想起我父親年老時的景況，老人很需要聽眾聽他說說陳年往事，特別是「少年時意氣風發的過往雲煙」。不過，對身為聽眾的人來說，實在難以消受，因為老人的故事會自動倒帶重複播放，一遍又一遍。即使像我這麼有耐性的人，要聽同一個故事一百遍，我也是消受不了的。不過，如果說故事的人是克萊恩，會不會不太一樣？嗯，想離開現場的時間可能會往後挪一點。

狄莉絲不同意艾瑞克對克萊恩的描述，說他誇大了。艾瑞克同意他確實誇張了，但無論如何那是他所知覺到的克萊恩。他說克萊恩真是個天才，她是那種你一相處，便會感受到她身上有一種無法言述的特質，那種你會稱之為天才（Genius）的特質。

至於安娜．佛洛伊德，她非常聰慧（intelligent），非常有條理（organized），但總缺少了那麼一點，於是你不會想要讚嘆道：「天才」！

伊底帕斯情結

談完安娜．佛洛伊德與克萊恩後，艾瑞克說他還有事要忙，便回到他的書房去。

我則繼續和狄莉絲談起我近日對女性焦慮的思考。「精神分析理論發展」的課上到伊底帕斯情結時，大衛．貝爾（David Bell）[5]先談了一則漫畫：小男生和小女生比賽誰比較厲害。男孩拿出一把槍，女孩則掏出三把槍；男孩抽出三把刀，女孩則拿出火箭砲……最後男孩很得意地脫下褲子，指指他的陰莖，挑釁地說，「我有這個，妳沒有！」女孩面不改色地也脫下褲子，指指她下體說，「有一個這個，」再指指小男孩的陰莖「要有幾個那個都可以」。「哇！」小男孩放聲大哭。非常女性主義的一則漫畫。大伙兒哄堂大笑之後，貝爾教授說，有趣的是想一想哪些是「女性的焦慮」（female anxiety），哪些是「男性的焦慮」（male anxiety）。

我很想做個訪談研究，訪談各個年齡層的女性，看看她們的焦慮是什麼（也許早已有人做過這樣的研究了），狄莉絲說起她個人的婚姻故事，一些現在談起來還會有的憤怒和傷心。她說，與她的前夫非常不同。談起她的前夫，她說：「It's very annoying when you realized that you shouldn't marry that man at that time.」艾瑞克很體貼地說：「It's really annoying.」也許，等我找到女人的焦慮和不安，我可以借用佛洛姆（Erich Fromm）的暢銷書名，寫一本「搞不懂愛的藝術」。

伊底帕斯處境令我想到 D. H.勞倫斯（D. H. Lawrence）寫的《兒子與情人》（*Sons and Lovers*）[6]——這個故事是這學期人格發展課的選讀教材。寫於一九一三年，D. H.勞倫斯的筆將伊底帕斯關係裡母與子的關係描述得入木三分，是公認不朽的文學作品，不過，他筆下的那對母子卻令我想起臺灣八點檔以婆媳衝突為主軸的連續劇，我希望這樣的聯想不會冒犯了勞倫斯。基本上，臺灣此類以母、子、媳三角關係為主軸的劇情，不斷重覆上演的情況也已經到了可以稱之為「不朽」的地步，臺灣普羅大眾對婆媳八股戲碼的熱愛也許也反應出這是個「不朽的主題」。

D. H.勞倫斯強調《兒子與情人》並不是他個人生命景況的寫照，而是部悲劇，是十九世紀末、二十世紀初，千萬英國青年人所遭逢的悲劇。他在這部小說裡，要探討的主題是母與子的關係。面對出版者可能的質疑，他說「倘若哈姆雷特與伊底帕斯在這個年代出版，除非強力推銷，不然連一百本都賣不掉。」可見他認為「兒子與情人」處理的主題與「哈姆雷特」及「伊底帕斯」是相同的。[7]這部小說談的是「母親充滿熱情地養育她的兒子，待兒子長大，漸漸將他視為她的情人」。

故事裡最經典的一幕，兒子保羅約會晚歸，母親及妹妹坐在客廳裡等著他。當他於十點四十五分進家門時，他感受到一股沉重緊繃的氣氛。沒有人說話，他的胃在打鼓。突然他想起自己忘了處理母親交待他要做的事，他說他忘了麵包的事。母親開始話中醋意甚濃地說他怎麼會記得，他滿腦子只有那個女人。妹妹指責他棄母親於不顧，強調母親幾乎要病倒，雖然妹妹自己也外出約會到近十點才回來。母親開始悲傷地說她老了，沒有人理會了，兒子也不要她了，兒子只想和那個女人在一起……。保羅想解釋他愛他的母親，但他也喜歡瑪莉安，因為她是可以說話的對象。「你有什麼不能跟我說的嗎？」母親開始細數保羅小時候什麼都對她說，現在他大了、翅膀硬了，不再需要她了……（云云，讀者可以想像連續劇裡出現的臺詞）。保羅慌了起來，開始強調他並不愛那女子，他可以同她說話，卻一定會回家、回到母親身邊。最後，母親氣消了，兒子依偎在母親懷裡，母親撫摸著兒子的頭髮，哀傷地告訴兒子，「我從來沒有——你知道，保羅——我從來就不曾有過丈夫——不是真心有過。」（咦！那保羅是從哪裡來的？）

這樣的情節彷彿只是「小說」才會出現的劇情，然而，我們都知道，真實生活裡發生的比這更戲劇化。小說裡，保羅的母親有一天終於駕鶴西歸，而保羅終於能夠脫離她的控制，開始「獨立個體化」之旅，雖然過程非常困難，但終究是個開始。真實世界裡，那個嫉妒兒子交女朋友的母親卻不一定願意這麼早就「撒手人寰」。愛麗森·阿特莉（Alison Uttley, 1884-1976），英國著名的兒童文學作家，深受全世界小朋友喜愛的「小灰兔」（Little Grey Rabbit）[8]即誕生於其筆下。她的丈夫自殺身亡後，她與兒子的關係就更加親密，她的日記中描述許多她對兒子的情慾，生活中她則玩火似地與兒子調情。一九四二年四月，得知兒子的婚事已定，她痛苦地輾轉難眠，無法忍受另一個女人即將成為他兒子的枕邊人，她寫信告訴兒子她的擔憂：這個女人夠聰明嗎？她喜歡音樂嗎？她信上帝嗎？……

當她見到兒子的未婚妻，她在日記裡稱她「醜八怪」。婚禮當天，她兒子約翰叫醒她後，說他沒有辦法結婚，他還沒準備好要有性生活。阿特莉取消婚禮，並在教堂門口貼了一張「公告」後，就偕同兒子北上蘇格蘭。他們落腳的第一站，即是兒子原本要度蜜月的飯店！[9]一年後，阿特莉在日記裡回憶此樁「浪漫的遠走高飛」。如同貝爾教授在課堂所言，倘若為人父母者與孩子的伊底帕斯渴望共謀，忘了自己的配偶是那個與自己有婚約的人，而與孩子一起待在「我們才是一對」的幻想裡，對孩子將造成極大的傷害（It's quite damaging.）。約翰終生努力要掙脫母親的控制，深受心理疾病所苦，還因此失去工作住院治療。

身在世界邊緣的臺灣，也並不缺少這樣的故事。至少我即在這樣一齣「兒子與情人」臺灣版裡，演了一個非常重要的配角。演出的過程，十分清楚看見這樣的困境，但卻沒有辦法主動離開，直到男人轉身背向我。我的前任治療師說，離開這男人，我會有拋棄「病人」的罪惡感，這罪惡感使我無法離開。這話十分真切，這當中似乎也有「只有我才能」的全能幻想。十年的青春發現「原來我不能」，幻滅是成長的開始，不過代價實在太大。但就如狄莉絲所言：「You learned what you learned.」代價太大，所以需要更多時間和眼淚來哀悼失去的種種。想一想，幸好沒有女人愛上伊底帕斯，否則悲劇大概不只一樁。愛上哈姆雷特的奧菲莉亞最後也只能發瘋。

回頭再談伊底帕斯。若將角色換成父親與女兒，若父親不能守住界線，而將女兒視為自己的情人，並在行動上如此演出，對女兒心智狀態造成的破壞也會嚴重得令人心碎。這樣的故事，我們也一點不缺。佛洛伊德早在一百多年前就面對不少這樣的女病人。記得在讀《朵拉：歇斯底里案例分析的片斷》（*Fragment of an Analysis of a Case of Hysteria*）時，老師要我們先不進到佛洛伊德的診斷，想一想朵拉每天生活的環境，她的父母親如何對待她。這樣一個父不父、母不母的家庭，要不發展出歇斯底里症狀恐怕是不可能的事。我個人覺得，另一個更令人心酸的例子是與佛洛伊德有一次晤談的凱薩琳娜（Katharina）[10]。一八九三年，佛洛伊德於度假中遇見凱薩琳娜，一位受歇斯底里症狀所擾的十八歲女孩，度假客棧主人的女兒。她知道佛洛伊德是醫生，立刻向佛洛伊德求診，佛洛伊德雖然不希望在休假時工作，但安排了一次晤談，沒想到這次晤談成了縈繞佛洛伊德心頭數十年的一件未竟事務[11]。凱薩琳娜向佛洛伊德吐露她的症狀是在十六歲時發作，兩年前，她的叔叔開始騷擾她，向她求歡，兩年後，十六歲的她撞見叔叔趴在他另外一個外甥女身上。之後，她就開始有呼吸困難、頭暈、莫名驚恐的現象。佛洛伊德在一九二四年時，為此次晤談記錄加上一註：騷擾凱薩琳娜的不是她的叔叔，而是她父親。

在《夜未眠》一書，狄莉絲談到斷奶困難時，提到有些母親無法斷奶的情況若是與自己的性慾交織（即母親透過嬰兒吸吮乳房而達到性高潮），問題會更加棘手。有一個父親來諮詢其家庭問題時想起自己的童年。他記得小時候，總在礦工父親於清晨五點離家上工後，鑽進母親被窩裡，在母親撫摸著他的背時，他吸吮著母親的乳房一直到七點鐘。這樣的情況持續很長一段時間，他和母親之間這段往事成為他們之間的祕密。成年有了性生活後，他出現嚴重的性困擾。性交之前的愛撫總令他興奮不已，但性交本身變得非常困難。他個人對此童年經驗的罪惡感（某種形式的弒父娶母），及在性發展上未能發展出對父親的認同（於是一到緊要關頭就無以為繼），嚴重阻礙了他個人的發展。

伊底帕斯關係裡，父母若不能藉由穩固夫妻關係來幫助孩子走出這樣的渴望與幻想，悲劇之一是，父／母失去他／她的配偶；悲劇之二是，孩子心智發展受損；

悲劇三是，孩子無能發展出愛的能力，當他／她長大開始談戀愛後（談戀愛不等同於有愛的能力），會製造另一個或數個大大小小視情況不等的悲劇。

異鄉作客

離開狄莉絲家，想到她這一年裡給我的支持和幫助，以及她未來還會提供給我的協助，我心裡非常感激。前幾天才送走《夜未眠》的譯稿，等出版社排好版約莫需要兩、三個星期，之後二校、三校。等春天來的時候，書應該已經完成最後的校對，準備出版了。記得一年半前得知我的導師是狄莉絲時，非常興奮，這樣的巧合讓我與狄莉絲的關係別具意義——彷彿自己在這異地有了某種形式的歸屬。如今，透過她對我的接待，我更具體地感受到在這裡有個家。

寫於二〇〇三年春天

【後記】

如我所預料，狄莉絲看著我完成「精神分析導向觀察研究」，看著我被塔維斯托克接受，開始我的心理治療臨床訓練，看著我完成四年的訓練，拿到心理治療師執照，看見我被精神分析學院接受，看著我開始我在英國的第二次嬰兒觀察，開始精神分析臨床訓練；一路提供我情感上的支持。每年過聖誕節，一定邀我來吃她親手做的「聖誕蛋糕」（過聖誕節一定要吃的水果蛋糕），過新年時一起到石楠園散步迎春。年年如此直到二〇一三年，這本書出版的這一年春天，我在她家過復活節，她剛從肯特郡的海邊回來，特別帶回當地的名產與我分享。不久，她將看著我從精神分析學院畢業，成為精神分析師。

附註

1 狄莉絲·道斯（Dilys Daws），精神分析取向（英國獨立學派）兒童心理治療師，曾任嬰兒心理衛生學會（Association for Infant Mental Health）主席，於塔維斯托克診所（Tavistock Clinic）工作三十多年，著有《夜未眠：幫助失眠的嬰兒及父母》（*Through the night: helping parents and sleepless infants*），五南出版。

2 艾瑞克·雷納（Eric Rayner），英國精神分析學會已退休的訓練級分析師，著有《英國獨立學派精神分析師》（Independent Mind，暫譯）、《人類發展》（*Human Development*，暫譯）。二〇〇一年，艾瑞克忙著修訂《人類發展》一書，我幫了一點小忙，整理一些文獻資料。

3 蘇珊．瑞德（Susan Reid），塔維斯托克診所資深兒童心理治療師，是第一個開始在塔維斯托克診所帶精神分析導向兒童心理治療團體的治療師，其另一專長是治療自閉症兒童。累積三十多年的實務經驗後，蘇珊．瑞德即將出版探討精神分析導向兒童團體治療的書。

4 凱洛琳．格蘭（Caroline Garland）精神分析師，任職於塔維斯托克診所，著有《創傷治療》（*Understanding Trauma*），中文版由五南出版。

5 大衛．貝爾（David Bell），塔維斯托克診所成人部督導級心理治療師、精神科醫師，及英國精神分析學會（British Psychoanalytic Society）督導級精神分析師（Training analyst）。其精神分析理論發展的課叫好又叫座，是個非常有個人魅力的（charming）分析師。我的好朋友荷莉說她對貝爾教授充滿了「幻想」。這我完全可以體會。

6 D. H.勞倫斯（David Herbert Lawrence）生於一八八五年（此年，克萊恩三歲），就讀於諾丁罕大學（Nottingham High School）學習當一名小學老師，一九〇八年開始執教。一九一一年，在他至愛的母親過世沒多久，發表第一篇小說年白色孔雀白（The White Peacock）。同一年底，因病結束教職。一九一三年發表《兒子與情人》，一九一四年結婚，二次大戰一直住在海外，西西里、斯里蘭卡、澳洲、新墨西哥及墨西哥。一九二八年出版的《查泰萊夫人的情人》（*Lady Chatterley's Lover*）在英美兩地成為禁書。一九三〇過世，享年四十四歲。他的作品一直廣受熱愛也引起極大爭議。

7 引自 Penguin Books 出版的《兒子與情人》中的序言，作者為 Helen Baron 與 Carl Baron，這兩位目前任教於 St Catharine's Colleage（Senior Tutor）的學者於劍橋大學擔任研究生時認識並結婚。

8 不是波特小姐（Peatrix Potter）的彼得兔（Peter Rabbit）。阿特莉非常痛恨別人將她與波特小姐相比。

9 讀者若有興趣知道詳細情節，請參閱 Danis Judd 所著 *Alison Uttley: Creator of Little Grey Rabbit.*

10 佛洛伊德將此次晤談收錄在其《歇斯底里研究》（*Studies on Hysteria*, 1895）一書中。

11 參見 Peter Gay 所著 *Freud: a life for our time*, p. 73。

精神分析與文化經驗

接受精神分析三年半後，我這樣寫著：

原以為，有了兩年的分析經驗，第三年的分析會過得容易，或成為例行公事。沒想到從九月到十一月，自己像是從火中經過。

原以為自己是個獨立且自主的人，十六歲離家，選擇讀師專，輕省了父親肩上的負擔，二十二歲完全經濟自立後，還能在金錢上支持父親持續照顧遠在山東的另外一口灶。之後，無論是讀碩士班或博士班，全仰賴自己的荷包。這樣的獨立模樣不論是自己看來或在他人眼中，都是貨真價實——直到這個秋天，當倫敦的楓葉漸漸脫去翠綠，我在診療室裡豁然驚覺，我的分析師是另外一個獨立於我而存在的個體！震驚的，不只是自己擁有的獨立外貌其實有著「與客體合而為一」的真相，還包括意識到診療室裡的另外一個人其實有其獨立的判斷及思考，他的思考歷程並非與我合而為一，亦非我所能掌握及預料！

於是，「看見」了在潛意識中對分析師所進行的包裝，看見的那一瞬間，便立即失去與他溫柔地貼近以消除心底恐懼的能力，頓時，那恐懼從靈魂深處湧出，我蜷縮在躺椅上，抖著聲音表明我的害怕，當下明白了自己其實從來未曾與所深愛的「客體」分離，當下也清楚意識到「分離」是如此地駭人。

同時也看見長久以來自己如何驕傲地相信自己具有預知他人會如何反應的神力，而這種神力的培養竟是文化陶養的一部分。太擅長於「討長輩的歡心」，漸漸地，那未曾長出來的自我，更沒有機會探頭。回想起觀察了兩年的那個華人家庭裡的嬰孩，那個與我的母親如此相似的母親，心裡哀傷起來。

兩年的嬰兒觀察，不只讓我貼近那生命初始的脆弱與強壯，也貼近自己生命裡的最早經驗。每回在小組裡呈現我的觀察紀錄，驚嘆督導可以一針見血地點破母親與嬰兒之間的動力狀態之餘，總有種幽幽的遺憾，彷彿在那鉅細靡遺的紀錄裡，有一個部分是督導及小組裡的同伴不能瞭解的。然而，因為我也不明白那未被瞭解的部分是什麼，也就無法陳明我心裡的失落。直到我開始著手撰寫論文計畫，督導要求我們以手中有的觀察資料為文本，從不同的角度重新詮釋，在討論如何尋找全新的觀點時，我漸漸明白那一直未被真切瞭解的部分是我的文化——不同心智結構（Psychic structure）得以塑形而成的養分。

雖有人堅持，精神分析理論並不需要因應不同的文化而做任何修改（David Bell, 2003）[12]，但有另外一個觀點主張不同的文化確實會塑造成不同的心智結構，而當應用精神分析理論於不同之社群文化時，恐怕需要有所修飾，以免陷病人於不必要的衝突中（Roland, 1988）[13]。然而，究竟不需要修改的是什麼，而需要加以修飾的又是什麼呢？面對不同文化，精神分析究竟可以「吾道一以貫之」到什麼程度？已經在歐洲及美洲發揚光大的精神分析究竟需不需要為華人文化而有所有更動？

然而，有許多根本的困惑仍然懸在心頭，想必是千頭萬緒不知如何繼續，上述這篇文章寫到這兒就停筆了，再回頭，已又過了三年。我個人的分析已經進入第七年，而我那篇探討華人文化如何塑造個人內在世界自我與客體之距離的論文得了「特優」之後並發表於《國際嬰兒觀察季刊》裡，算是對自己及所觀察的華人家庭有了個交待。

精神分析有文化差異嗎？

精神分析第七年，我享受著內在世界改變後帶來的輕省和快樂。一直沒辦法說清楚這段非比尋常的經驗。一個英國精神分析師與他的華人受分析者，這當中會有多少文化衝突與誤解，然而我這一輩子從來沒有被人如此深深地瞭解過。我的分析師有著與我截然不同的文化經驗及成長背景，但他卻比來自同種文化的任何人要更瞭解我的心理／精神動力。所謂的「瞭解」究竟根基於什麼？相同的經驗？相似的文化？還是對人性基本心理運作的理解？

當誕生於歐洲精英中產猶太文化的精神分析應用於一個來自臺灣的華人時，分析師何時需要考慮文化差異及語言障礙？何時需要堅持「這不是文化或語言的問題」，而是受分析者處於某種心理狀態？這些提問若不放在診療室裡一週五次地加以探索，是無法真正找到答案的；而離開了精神分析診療室的脈絡，便覺無法將經驗到的理解化為語言或文字。

克萊恩學派的精神分析所探索的是早年的伊底帕斯關係，是個人心智如何從幻想分裂（paranoid-schizoid position）漸漸走向關切客體福祉的憂鬱心理位置（depressive position），是個人如何從攀附客體而漸漸瞭解到「我所攀附的客體乃獨立於我所存在的個體」；凡此種種顯現於一週五次，每次五十分鐘的分析時究竟是何種樣貌？而華人作為一個族群，於診療室裡呈現出的心智狀態究竟有無其文化上的特徵？而我身為一個來自臺灣的華人，我於診療室裡所呈現的心智狀態（state of mind）及內在世界（internal world）有多少是來自我個人的生命經驗，有多少是來自文化的雕塑？

全是難解的問題，但我約莫可以說，人性中的愛慾貪嗔癡是不同文化所共有的，這也是為何文化差異並不阻礙我們對不同語言文學作品的瞭解。我可以跨越文化而深愛珍．奧斯汀的《傲慢與偏見》，而描述猶太孩童被父母從歐陸送往英國以避開戰火的舞台劇「Kindertransport」讓我激動得淚流滿面。藝術創作的偉大便在於此，它能穿越不同的文化表達形式，直接碰觸人性。精神分析所期待達到也是碰觸人性。文化決定了表達的偏好，精神分析渴望在理解了表達的偏好後，直接觸摸人性。文化的形成包含了許多人性之外的因素，像是氣候、地形、地域及可用的自然資源。生活於某種氣候、某種地形及地域的一群人在其可用的自然資源裡所發展出的某種文化，呈現的是涵容人性的獨特形式。從這獨特的形式，我們看見某一族群對人性困境（human condition）所發展出來的「或解決或包容或壓抑之道」。在精神分析診療室裡，分析師需要瞭解及尊重這些因素，卻不應被這些因素給牽絆，因為在某些情境下，文化可能只是藉口，是個人用來避開焦慮的防衛方式。

華人文化有其處理焦慮及人生困境的偏好方式，這些偏好的方式對我的英國分析師而言，或許陌生；但就像分析師學習辨認潛意識運作歷程，文化內容及運作方式亦可透過學習而熟悉。一旦進入分析歷程，文化因素即成為分析素材之一。個人如何使用文化，文化習性如何與潛意識運作結合，原本即是精神分析的焦點；誕生於歐洲猶太中產文化的精神分析需要認識華人文化處理情緒、焦慮的偏好方式，診療室裡分析師工作時所使用的詮釋技巧是否需要修飾，所仰賴的是分析師與其受析者的個別狀況。當精神分析理論有所演進及修飾時，通常是因為新一代的精神分析師對人性、對某種病態的潛意識運作有更深刻的臨床認識，而非文化。

看來，經過這些年，我已漸漸向貝爾的觀點靠攏。

寫於二〇〇八年夏天

附註

12 這段話出自於 Lectures of The Introduction of Psychoanalysis; Tavistock Centre. 我於塔維斯托克修習嬰兒觀察第三年時，上了貝爾（David Bell）的「精神分析理論發展」。他於課堂上闡述了這個精神分析不需因文化之不同而做修改的論點。他主編了兩本重要的書，其中一本為《精神分析與文化》（*Psychoanalysis and Culture: A Kleinian Perspective*，暫譯）。

13 艾倫・羅蘭（Allen Roland），美國精神分析師，著有《尋找自我》（*Searching for Self*，暫譯）」一書。本書記錄了他在印度執業八個月，在日本三個月的個人經驗，及對精神分析應用於東方文化的反思。他在書中談到個人的內在世界裡，自我與客體的距離。這本書解答了我許多關於「精神分析與東方文化」的疑問。

思考憂鬱心理位置

一九三五及一九四〇年，克萊恩分別發表了兩篇極重要的論文，〈論躁鬱狀態的心理成因〉（A contribution to the psychogenesis of manic-depressive states）與〈哀悼及其與躁鬱狀態的關係〉（Mourning and its relation to manic-depressive states），探討的是當時十分熱門的主題：憂鬱。如同當年撰文探討此主題的多位精神分析師，克萊恩這兩篇文也立基於佛洛伊德於一九一四年發表的〈哀悼與憂鬱〉（Mourning and Melancholia），及亞伯拉罕（Karl Abraham）於一九二四年發表的〈慾力發展短論〉（Short Study of the Development of the Libido），不同的是，她將成人的病態憂鬱向前推至嬰兒期的經驗[14]。克萊恩認為，成人的病態憂鬱根源於未能成功完成嬰兒期的發展任務。順著這個假設，她進一步描述嬰兒五、六個月大時會有的正常發展狀態——憂鬱心理位置（depressive position）。

對於心智狀態的運作，克萊恩有其基本之假設：「嬰兒誕生時，即具備一脆弱的自我（ego），此自我具有分裂（split）並走向統整（integration）的能力或潛力」[15]。根基於此假設，在正常的環境下，自我會漸漸發展出視客體為完整個體的能力，開始統整原先分裂並投射的部分自我及客體，其客體關係也開始有了不同的品質。將此心理現象命名為憂鬱心理位置並不意味著這個時候的嬰兒很憂鬱，而是具備此種心理能力的嬰兒開始會為客體著想，意識到自己攻擊的客體其實就是自己所愛的客體，換句話說，這個狀態的嬰兒開始形成「同理心」，同時對於自己攻擊所愛客體的行為感到抱歉，有了「罪疚感」。克萊恩強調，有了此種心理能力並不表示個體便不會再出現以分裂及投射為主的心智運作[16]，套用貝爾的比喻，就像加熱中的水，在到達沸點前，水中會開始出現許多水泡，隨著水溫漸漸升高，水泡愈來愈多（請想像這些小水泡象徵著嬰兒憂鬱心理位置的心理能力，與原先將客體及自我分裂並投射的心理位置共存），最後，水達到沸點，整鍋水產生質變（進到憂鬱心理位置）。

質變之後是不是從此過著幸福快樂的日子，進入天人合一的大同世界？嚮往快樂結局的人恐怕會很失望，因為這是一個以「痛苦忍受力」為成熟指標的理論。處於憂鬱心理位置時，個體最大的成就是，忍受心理痛苦的能力增加，比較不會使用分裂、否認、理想化或全能自大來解決無法承受的心理焦慮；能夠容納自己及他人的好與不好，而不會率性地將不想要的部分分裂後丟給別人；較有能力承受矛盾及不確定；願意接納新想法、新事物，並變得有彈性。

克萊恩認為，這樣一個統整的狀態永遠沒有完成的一天，於是，我們只能向之趨近，有時向前走三步還會倒退兩步，當外在壓力太大時，還會倒退五步，或回到之前那個「身邊都是壞人，全世界都對我不公平」的狀態。也許有人覺得這真是個沒有指望的學派（因為它不認為有「完美的結局」），我個人則認為它十分真實，或說「誠實」。我雖然也渴望「簡單的完美結局」，但更希望延展自己「忍受複雜、矛盾、不確定及沒有完美結局的能力」。後者於我才是真實的存在。當處於「真實的存在」狀態時，我的心彷彿較能越過種種防衛機制，回到「誠實」。

收放自如

能夠承受心理上的痛苦，才能「內斂」，能夠原諒自己，才能「奔放」。

原以自己很能吃苦，近來才看清楚，自己能承受外在的苦，卻承受不起內在的苦。心靈或情感受苦時，總是欲去之而後快，於是化諸語言及書信。語言需要聽眾，書信需要讀者，聽眾多半是自己的家人及朋友，讀者多半是自己成長過程裡的重要他人。而說話和寫信的目的只有一個，將內在承受不起的痛苦丟棄，結果是「為別人帶來痛苦」。將自己內在強烈的痛苦及掙扎及對對方的愛與恨，痛快地藉由各種形式，明說或暗喻地，說給對方聽，或寫給對方看，說完寫完後，暫時得到疏緩，因為將痛苦交給別人去承受。

總是不能等，痛苦時，即使不明說，也藉由隱微的方式讓別人也跟著痛苦。彷彿以為藉由讓別人痛苦，便可減輕自己的苦。自己不能承受內在的痛苦不只顯明在人際關係裡，也顯明於我的寫作態度。高行健的《一個人的聖經》在他的書桌抽屜裡待了十年。十年裡，書中的文字漸漸精練，於是我得以享受閱讀美好文字帶來的滋潤與感動。[18]羅爾德・達爾（Roald Dahl）[19]的《查理與巧克力工廠》（*Charlie and the Chocolate Factory*）在他手中待了六年，出版的是第七版手稿。亞蔓達・康葵（Amanda Conquy）[20]說達爾很能「吃苦」（pain-taking），他一再修改重寫他的故事，一直到滿意為止。

我則缺乏此種「修改及統整」的能力。寫完一篇東西，總是急著發表，缺乏「沉澱」的修練；而此種能力正是較成熟的「憂鬱心理位置」的產物，一種能與痛苦共存並保持思考能力的狀態。西格爾[21]認為好的藝術作品往往成形於藝術家欲「修復其內在客體」的渴望中，其表徵可以是雕塑，可以是文學作品，可以繪畫及其他各種形式。藝術創作者也許無法將其創作過程之微妙心理歷程化諸語言，但其反反覆覆修改、嘗試不同表現方式卻是公認必經的路程。

真相

接受精神分析的頭兩年，秉持著我一貫吃苦耐勞的精神，躺椅上的我不斷用力傾吐過去及今日的種種。我總是準時到，從不缺席曠課，準時付費，認真思考，並記住夜裡的夢，以為如此一來，便可修得正果。分析過程裡慢慢看見我傲慢地以為分析師需要我如此這般餵養他。我用金錢餵養他的荷包，用陳述著個人歷史及夢境餵養他的專業。外在孜孜不倦的配合隱含著不為人知的傲慢。傲慢於我並不陌生，大部分時候，我是傲慢的。然而，在面對一個經驗學養都在我之上的人，看見自己傲慢的態度，是件痛苦的事。

我像個認真負責的戰地記者，按時報告上司（我的分析師）各處戰況：我的自戀如何發作，否認怎麼運作，各型「毀滅性武器」（**the weapons of mass destruction**）暗藏何處，以何種面貌出現。在進行報導時，沾沾自喜，以為分析師一定沒見過這麼棒的病人。原來，認真負責的自我剖析為的仍是增加自己的光環。

這頭兩年，我亦步亦趨地跟隨分析師的思路，配合他的腳步，以為自己在學習精神分析，那個和偉大的佛洛伊德密不可分的學問。他說我的世界裡彷彿只有他，他還說我用此種「你儂我儂」的方式來否認我們其實是兩個各自獨立的個體。我其實不太明白他說的意思。他和我原本就不同，原本就是兩個人，這是顯而易見的事實，為何他一再說我害怕看見自己對他的依賴，所以努力在心智上營造與他一體的感受，兩個人合為一體就不必思考依不依賴的問題。我其實不明白他所描述的現象，然而我知道我自小就是個十分依賴的人，依賴所生存的環境，害怕移動。熟悉的環境非常重要，熟悉的人也很重要。依賴別人對我的評價及看法，配合環境而活是我一向的生存方式。「我是變形蟲！」彷彿依稀記得自己曾在年幼時有過這樣的自我覺察。我可以隨時因應外在人的環境而改變自己。這似乎是我認為自己很能吃苦的由來。然而這麼做是為了避開心理的苦（psychic pain）。

究竟那令我無法承受的心理的苦是什麼？直到分析第三年才漸漸明白分析師所描述的「我的心智狀態」——無法承認所愛之客體乃獨立於我之外而存在，因為無法承受一分為二的苦。

似乎這樣的心智狀態源自於更原始的經驗，不是記憶中童年創傷所遺留下來的斷垣殘壁。對於這樣的痛苦，無法進行邏輯上的思考，不知其由來，莫名其前因後果，只是覺得很痛苦。彷彿有那麼特定的一天，發覺他是另外一個人，有其獨立的判斷、思考與想法！他並不在我的控制之下，心裡十分震驚。我不能決定他如何感覺，如何反應，如何思考！我沒想到我的潛意識裡一直相信我可以決定別人對我的感覺、對我的反應和想法。剎那間，我的嬰兒自我（infantile self）第一次「意識」到母親（分析師）原來是有別於自己的另一個個體，那巨大的驚駭及焦慮隨之竄進意識層。

拿捏適當的人際距離

缺乏能力正確判斷人與人之間該有的距離。渴望傾吐，彷彿一直在尋找一個可以傾吐的對象，當遇見願意傾聽的人時，便傾全身的力氣，將種種複雜的愛恨情仇一股腦地傾倒，忘記面前這個人可能是才見過三次面的陌生人。傾倒之後，將彼此的關係拉得太近，待自己意識到不對勁兒時，便匆匆走開。對於此種令他人困惑的舉止感到十分抱歉，卻也不知如何是好。只能一再道歉，但對方卻不知道我在說些什麼，再加上自己其實缺乏「打從心裡感到抱歉的能力」（總是埋怨別人也要負責，以便為自己脫點罪疚感），於是呈現於外的又是一場「不知所云」和「心口不一」。此種不斷重覆的行徑是我沉重的負擔。不能判斷人與人之間適當的距離，及恰當的談話內容，總是說些不恰當的話，發表時機場合都不適當的言論，與這個世界顯得格格不入。

有了分析師之後，這種渴望傾吐的需要終於有了歸宿。精神分析的型式及內容符合我內在深層的需要，這或許是我一路尋到倫敦來最主要的動力。面對活著的苦，每個人選擇不同的方式面對，而我選擇精神分析，在過程裡，釋放身為人的苦。精神分析只是眾多選擇中的一項，是為需要的人而存在的。麥可・帕森斯（Michael Parson）在其標題為「轉化之道」（Ways of Transformation）[22]的演講中談到，他不認為每個人都需要宗教，也不主張每個人都需要精神分析。貝爾在其精神分析理論發展的課中談到，精神分析是為需要的人而存在。作為芸芸眾生裡的一員，我很慶幸我的選項裡有「精神分析」。不久前，我很認真地告訴分析師，精神分析非常適合我，因為我需要住在「加護病房」，接受「密集的照顧」（intensive care）。

承受痛苦的能力

在經驗看見真相的痛苦中，漸漸明白，分析師的終極任務不是「改變病人」，而是「協助病人看見真相[23]」，看見真相的同時，也就看見自己，病人能夠統整他投射出去的部分自我，而變得更「完整」、更「豐富」。同時，也因收回了投射到客體身上的部分自我，而能看見客體的真實相貌。在變得完整與豐富的過程裡，情感上更能包容自己的「愛、恨、貪、嗔、癡」，並承受在包容這些感覺時的痛苦。

移情詮釋及其他

西格爾在其一九六二年所發表之〈精神分析之療癒因素〉（The Curative Factors in Psycho-Analysis）[24]一文中主張精神分析之療效奠基於對深層潛意識的瞭解，而協助病人達到此種深層洞察端賴分析師對移情關係之詮釋。她在該文中寫道：「雖然完滿的移情詮釋很難一蹴即成，但其為我們的終極目標。完滿的移情詮釋包括詮釋病人的情感、焦慮及防衛，以及引發這些情緒的因子，無論其來自此時此刻或過往經驗。」[25]梅爾徹（Donald Meltzer）則言，精神分析所用之方法旨在「於高度控制之情境中營造兩人關係，並探究因分析師（分析師及其潛意識皆受過嚴謹之訓練）盡量只做移情詮釋後所引發的種種現象。」[26]（1973）

這些話說得鏗鏘有力，為克萊恩學派精神分析立起旗幟鮮明的標竿，但同時也窄化了克萊恩學派分析師在診療室裡層次豐富的深刻瞭解。當代克萊恩學派分析師絕對不只單做移情詮釋而已，而其工作目標也非「一言以蔽之，移情詮釋而已矣」。他的細微觀察及他對被分析者所給之素材的評論和分析，有著接近人性不同層次的治療意義。

然而西格爾和梅爾徹並非唯一強調分析師在診療室裡應只做移情詮釋的克萊恩學派分析師。此種口號式的聲明簡短有力，塑造此學派的風格及特色。然而就像許多標語及口號一樣，這樣的聲明同時也造成不必要的誤會，讓人以為克萊恩學派分析師完全漠視外在現實及過往歷史對病人的影響，或只是無可救藥、自戀地將自己置於病人生活的中心，認為凡病人所說皆「與我有關」。事實是，克萊恩學派分析師在診療室除了移情詮釋外，還做很多其他事，像是，協助病人重新認識過往經驗，並深化其理解；像是，指出病人思考混亂混淆之處。馬尼－卡爾（R. E. Money-Kyrle）[27]於一九六八年所寫的〈認知發展〉（cognitive development）一文中，談的即是分析師如何將詮釋重點放在病人傾向扭曲真相，建構與事實不符之「迷思概念」（misconception）的天性，而超我（superego）本身即是個「迷思概念」——一種無論是源自天性或因認同、內化外在客體所形成的錯誤表徵。他的文章奠基於比昂（Bion）提出來的理論，強調人天生是要發掘真相，那與生俱來的「先備概念」（preconception）會在真實生活裡遇見其相對應的現實經驗，而發展出「概念」（conception）。人也註定要扭曲自己發掘的真相，不論是外在的（psychic reality），或內在的（external reality）。相信自己可以支手撐起一片天，完全不必依賴任何他人的協助，是一「迷思概念」；認為自己可以透過成為父親的「寶貝」取代母親的地位，也是「迷思概念」——在此所談的是潛意識信念。

而普西莉亞・羅斯（Priscilla Roth）的〈移情詮釋的不同層次〉（Mapping the landscape: levels of transference interpretation）[28]一文雖旨在分析診療室裡不同層次的移情詮釋，卻也在文中提到，佛洛伊德慣常做的古典詮釋仍是當代分析師的工作項目之一，像是可以把女病人夢中「被男人擠到牆邊貼上身而感覺到男人勃起之陰莖」詮釋為女病人對其父親的慾望。當然，當分析師是個男人時，接下來可能要談的是女病人對男分析師的情慾；或是，當分析師是個女人時，可以談女病人對女分析師內在的男性的渴望，或是女病人對女分析師同性情慾的掩飾。然而，從對父親的情慾到對分析師的渴望，之間或之外可能還有很多詮釋要做，這兩者不必然是分析工作的全部。分析師若心裡只有「移情詮釋」有時反而是一種阻力而非助力。其最常見的結局是將病人描述之事件中的他者悉數轉成「分析師／我」，於是產生一種失去意義的「你—我」或「我—你」詮釋（O'Shaughnessy, 1992）[29]，把分析變成一種與世隔絕的兩人世界。歐沙那希（O'Shaughnessy）稱其為「黏膩的化外之境」（over- close intimacy/enclave），精神分析便成了協助病人逃避內在真相（psychic reality）及外在現實（external reality）的幫手。此種沒有血肉的移情詮釋讓診療室裡的分析看起來好像是分析，但不會有深化思考及刺激成長的果效。其輕則只是突顯分析師之缺乏想像力與創造力，嚴重時，顯示分析師已失去了分析師的功能。歐沙納希（ibid）強調移情詮釋並非分析有效與否之關鍵，分析要有效，重點在於分析師與病人之間是否有好的「聯繫」（contact）。

診療室裡，分析師連結素材，有時單純觀察與傾聽，將病人所說的重要元素放在一起說給病人聽，旨在邀請病人多說一些——協助病人進行自由聯想；有時指出病人思考上傾向扭曲的天性；有時指出病人與其內在客體的關係；有時做古典詮釋，連結病人此時此刻的經驗與其長成歷史；而當時機恰當且證據充分時，分析師鋪陳所收集到之證據，集中火力做移情詮釋。這些不同層次的分析工作皆旨在觸及西格爾（ibid）所描述的「深層潛意識，即個人內在、外在客體關係以及自我（ego）成形之所在[30]」，協助病人達到深及潛意識的洞察。

然而克萊恩學派分析師之所以如此強調移情詮釋，實有其理論及臨床上的治療依據。佛洛伊德及約瑟夫．布魯爾（Josef Breuer）第一手的慘痛經驗提醒後來的分析師，病人在治療關係裡重覆其內在或外在客體關係乃必然發生之現象，逃避不了，倒不如善加利用，當代的分析師在善加利用後，還發現移情可以是「多多益善」。梅爾徹即在其《精神分析歷程》（*The Psycho-analytical Process*, 1967）一書中大書「收集移情」之重要。於是，分析師做移情詮釋不只因為病人必然會將他的內在世界呈現於他與分析師的關係中，還更有著收集更多移情的功能。在做移情詮釋時，分析師提供自己作為病人投注各種情感的標的，以此收集更多移情（Kohon & Kohon, 2005）[31]以便進行所謂的「內在世界修復工程」。雷（Ray, 1988）[32]對此修復工程有動人的描述，他特別指出，病人尋求治療時，所持之理由各式各樣，而至終我們會發現，病人的潛意識對分析師所提出的要求是，修復其受損的內在客體。而這受損的客體若不靠著分析師努力且心甘情願把自己當作「箭靶」——病人移情的對象，便很難有修復的機會。而能容忍病人將自己當作移情對象的能力則端賴分析師對潛意識如何運作深刻且切身的瞭解，此種能力需要長時間嚴謹的訓練，這也就是為何英國精神分析學會從不對其訓練要求做任何妥協或刪減。這嚴謹的態度引來一些訕笑及批判，但若思及躺在躺椅上的病人的權益，及佛洛伊德對瞭解潛意識的執著，我想這樣的態度更貼近精神分析的本質。

寫於二〇〇八年春天

附註

14 梅拉·萊克曼（Meira Likierman）於《梅萊妮·克萊恩：從脈絡中解讀其實務工作及理論》（*Melanie Klein: her work in context*，暫譯）一書中認為克萊恩這一獨特見解是使她不朽的重要因素，奠基於此，她建立了不同於以佛洛伊德為中心而發展的精神分析理論。

15 克萊恩於一九五八年發表的〈心智功能的發展〉（On the development of mental functioning）

一文中清楚地陳述此基本的假設。不過，這樣的概念其實貫穿其大部份的論述。

16 克萊恩於一九四六年的〈一些類精神分裂機制的論述〉（Notes on some schizoid mechanisms）一文中正式將此種心智運作狀態命名為「妄想分裂心智狀態」（the paranoid schizoid position）。

18 伊妮德．巴林特（Enid Balint）於《我之所以為我之前：精神分析與想像力》（*Before I was I: psychoanalysis and imagination*，暫譯》一書中談創造力（creative life）時說道，好的藝術作品能引領人重新經驗已喪失的 imaginative perception。所謂的 Imaginative perception 即溫尼考特所界定的「真我（true self）」。

19 羅爾德．達爾（Roald Dahl, 1916-1990），英國近代極重要的作家之一，父母是挪威人，他則生於威爾斯。他的多部作品已翻成中文並廣受讀者喜愛。我在臺灣時即讀過他為小朋友寫的《查理與巧克力工廠》、《女巫》、《喬治的神奇魔藥》，及其自傳《童年》，深受其豐富的想像力及出乎意料之外的故事結局所吸引。來到英國最美好的事之一便是開始閱讀他的成人短篇小說，而且是讀英文的哦！真是了不起。

20 達爾文學遺產的負責人，也是達爾家族長年的朋友。

21 "Dream, Phantasy and Art", 1991, London: Routledge.

22 英國精神分析學會於二〇〇三年六月十四、十五兩日主辦了題為「精神分析與信仰——互助或對立」研討會。帕森於會中的演講深刻而動人，他試著從內觀的角度解析《聖經》裡某些重要的經節，談這些經節所描繪的也許是一種成熟心智狀態。他也引用佛教經典及《道德經》，經他重新詮釋，這些信仰或靈性經驗與克萊恩所描繪的心理現象剎時變得十分接近。當然，與會者不盡然同意從這個角度出發來拉近信仰與精神分析的距離。

23 即克萊恩所謂的 psychic reality，Bion 所描繪的 truth（而非以大寫開頭的 Truth）。

24 發表於 *International Journal of Psycho-Analysis*, 1962, v. 43, p.212-17.當期期刊專題討論精神分析治療中的療癒因素。

25 "A full transference interpretation—and though we cannot always make a full interpretation, we aim eventually at completing it—a full interpretation will involve interpreting the patient's feelings, anxieties, and defences, taking into account the stimulus in the present and the reliving of the past."

26 The aim of psychoanalytic method is "to establish a two person relationship in a very controlled setting and to study the events that transpire when the analyst, a person trained with his own unconscious, limits his activity as much as possible to interpretation of the transference." 出於"Routine and inspired interpretations: their relation to the weaning process in analysis."一文。收錄於梅爾徹文集。

27 R. E. 馬尼—卡爾（Roger Money-Kyrle）是少被引述卻非常重要的克萊恩學派分析師。本文發表於 *International Journal of Psychoanalysis*, vol. 49, 1968.

28 本文收錄於 *In pursuit of psychic change* 一書。二〇〇四年出版。

29 Enclaves and Excursions, 發表於 *International Journal of Psycho-Analysis*, 1992; v. 73.

30 "It must reach to the deep players of the unconscious and illuminate those early processes in which the pattern of internal and external relationships is laid down and in which the ego is structured."

31 Mr and Mrs. Kohon 夫妻倆於二〇〇五年 Tavistock Centre 的 Couple seeing Couple 演講中特別提到他們在做夫妻治療時，不做移情詮釋，理由即是不想讓來談的夫妻把焦點放在治療師身上。

32 "That which patients bring to analysis"發表於 *International Journal of Psycho-Analysis*, 1988, 69, 457-470.原文為"The main theme is how very frequently, if not always, help is asked with regard to improving oneself, whilst the real request is how to bring about the reparation of important damaged inner objects without which reparation the subject's self cannot function normally and happily. The patient does not know how to do it, cannot do it. He seeks help with regard to those objects without a conscious realization of what he is looking for. A central aspect of the problem is that threatened and dying objects have to be kept alive for this purpose by the use of mental manoeuvres of a very complex nature. An attempt to describe the mechanisms used will be made. The contrast between concrete repair and psychic reparation proper appears to be fundamental in the failed efforts to repair, and resulting difficulties."

思考的厚度

倫敦六年，最大的收獲是看見個人、組織或政府如何在面對不同文化與思考模式時，磨練出思考的能力並看見人性的複雜，及人生的多種可能。

倫敦是一個人種複雜的都市。不同種族帶來不同的思考方式、信仰與文化，在在衝擊個人的思考方式、信仰與文化。允許自己接觸各種文化與信仰便為自己開了好幾扇窗，於是開闊了眼界，厚實了承受衝突與困惑的能力。

何謂種族？那些會讓你說「他／她看起來像是日本人／菲律賓人／馬來人……」的種種線索即為定義某一種族的因素。

何謂文化？生活、飲食、居住習慣，信仰、風俗、藝術表達的型式、喜慶時所呈現的服裝、音樂、食物、儀式……

臨床訓練第一年，第一個學期，為了增加我們這群準心理治療師的文化與種族敏感度，「認識自身及其他相關專業」課程的老師艾米爾・傑克森（Emil Jackson）請來塔維斯托克診所青少年部門的一位黑人心理治療師法蘭克（Frank），為我們上了兩堂課。法蘭克拋出第一個問題：「在你們這一班二十四個人當中，你認為誰與你在『種族』上最接近？」我放眼望去，在同學們猶疑不定時，毫不遲疑地走到我的日本同學優子（Yuko）身邊。班上唯一黑白混血的蕾貝卡（Rebecca）不知道該找誰站在一起，最後和印裔英國藉同學蘇林德（Surinder）併肩而立，因為他們同是「有色人種」（coloured people）；同是生於英格蘭的同學聚到一塊；來自西班牙的瑪格麗塔（Magarita）找到了來自哥倫比亞也說西班牙話的塞巴斯提安（Sebastian）……。法蘭克要我們注意自己在做決定時的內在歷程。接著他要我們在這二十四個人當中，找到與自己在「文化」上最接近的人。我和優子對看一眼，很快就知道我們倆無需另覓他人。其他同學則在一片混亂中拿不定主意。

乍聽之下十分簡單的問題引起許多內心的波濤洶湧。黑白混種的蕾貝卡重新經驗她從小到大的痛苦——不知道自己究竟是誰，膚色的不確定引發許多認同的困難與危機。而我，雖然很快地找到伴，但種族與文化的相似卻未讓我與優子在日後成為好朋友。我們不僅沒成為好朋友，她還成了「話不投機半句多」的最佳例證。三年後，沒想到班上與我最談得來的竟全是土生土長的英國人。這幾個人當中有人對中華文化充滿興趣且渴望瞭解，也有人對我的文化沒興趣，卻喜歡聽我高談闊論，認為我頗有見解值得深談。班上同學除外，我與來自義大利的瑪莉娜（Marina）成了看舞台劇的劇友，得每個月看一齣戲才甘願；與來自南非的妮娜（Nina）相知相惜，因為南非與臺灣有著同為世界棄兒的歷史經驗，這兩個國家在國際社會被排斥的情況使兩國建立了極深的革命情感；而來自波蘭的喬安娜（Joanna）對「共產黨」的瞭解使我覺得我們彷彿來自同一個世界，二十八歲的她是在共產社會長大的，她年少時，家裡領糧票過日子，我簡直不敢相信，卻又覺得這故事怎麼那麼熟悉。另一個我覺得在情感上十分親密的人是丹尼（Danny），一個在倫敦長大的猶大人，這個人與我有著十分神似的成長經驗。他的父親來自波蘭，是奧茲維辛集中營的倖存者。丹尼的父親失去了所有的親人，二次大戰後隻身與其他倖存的猶太人一起來到倫敦。我的父親來自山東，蔣介石輸掉了中國大陸之後，我父親就失去了他所有的家人。丹尼與我有著相似的童年，經驗父親內心無法言喻的哀傷，承受著留在父親人格中的「創傷症候群」。他的父親重訪波蘭的回家之旅與我父親在一九八八年的「返鄉探親」有著相似的情感基調，我聽著他的故事，心裡有種「他是我兄弟」的激動。

這些與「外國人」做朋友的經驗使我對文化、種族及人性有了更多觀看的角度。我想，若是要我在我的同學中找一個人同住，我會毫不猶豫地選擇優子，因為我們的生活及飲食習慣如此相近，共同生活起來比較不會那麼痛苦；特別是在我已經有了和奈及利亞先生共用一個廚房的慘痛經驗之後，我知道飲食和生活習慣的互相衝突可殺死對一個美好人格的喜愛。然而，當我需要心靈上的滋潤時，膚色與生活／飲食習慣就變得不那麼重要了，因為豐富的心靈可能誕生於任何種族、任何文化。然而，種族與文化命定了一些事。種族決定個人的長相、膚色，文化決定個人生活、飲食、信仰偏好，這些非常根本卻無關乎人格良善與否的因素極易成為仇恨的標靶，因為種族及文化仇恨能帶給人極大的痛苦，於是滿足了施加仇恨者的渴望。同時，把醜惡投射到某個種族或文化也總是比面對自身內在的醜與惡要容易許多。

在我走過的人行道上被吐口水，被迎面而來的男人吼叫著：「回妳老家去」，被人嘲笑著我非常正常的華人長相，這種種毫無來由的歧視和仇恨讓我經驗從未有過的痛苦，我感覺到有人很想將我像揉死螻蟻一樣揉掉，而我竟漸漸生出對自己長相的憎恨！這些人很清楚地表達他們對外來者的謀殺慾望，他們沒有興趣知道我和他們一樣是人，他們沒有意願瞭解我的想法或生命經驗；相反地，他們有意地不瞭解，不接觸，因為那使憎恨容易許多。

而倫敦讓人尊敬之處在於，有許多不同人種與不同文化的人思考著「我的」經驗，參與這些反省與思辯，我漸漸地感受到我所經驗的這些痛苦非常有價值且有意義。原來被人這樣地憎恨著是這樣的感覺。我內在的種族歧視雖然從未表現於外，卻也是活生生地存在著。我開始注意自己如何看待樓上奈及利亞先生的黑皮膚，開始注意我對臺灣島內大陸新娘的刻板印象，開始思考泰勞的臺灣經驗，開始感受自己內在不出聲的、對其他種族、文化的負面想法。我發現我在倫敦學會如何使用折射鏡，看見白光裡的彩虹。

拉開序幕：精神分析在北京

二〇一〇年十月，北京最舒適宜人的月份。我第一回踏上中國土地，對個人意義非凡的同時，對專業發展的意義亦十分特殊。還有什麼比結合了父親的祖國與我個人專業的追求更令人心緒震盪的事呢？中國與精神分析的媒合，我個人第一次回到父親的國家去參與第一場由國際精神分析學會在中國舉辦的大會，不管是從哪一個層面來思考這趟旅程，都足以讓我激動而至發狂。

五天的旅程結束後，心裡激動的是發現自己如此喜愛北京這個城市，彷彿舊地重遊一般，走在北京的長安大街及故宮附近的胡同，感受到自己並不是第一次來到這個城市。彷佛心裡有張情緒地圖，我行走在異地，卻深深地感受到與這個城市情感上的連結。第一次到，卻有著回到家的心情。街道與人，都似曾相識，而可以按圖索驥。那在故宮城外全心全意說服我搭程他的黃包車的男子，不斷降價的同時，還希望我想一想他的家人及辛苦的工作。我感念他的誠意，不斷地告訴他，他需要放棄我這個客人，另覓目標。他走不了，我亦無法拔腿，他說話的聲音裡有著父親的味道。我並不想搭他的黃包車，特別是在這天色將暗的傍晚。我老實表達我的擔心，怕遇見壞人。他掏出證件一一陳列，要我打這個那個電話求證。我說那我還得自掏國際電話錢。他又拿出其他文件，我則心想，怎麼不乾脆拔腿離開。離不開，因為他說話的樣子有父親的神情。於是我們便沿著故宮城外的小運河，邊走邊說話拉扯著，直到我第三次告訴他，他真的得另尋目標，因為我是不會花四十塊人民幣搭他三十分鐘的黃包車的。他洩氣地離開，卻又在五分鐘後回頭，說他可以算我三十塊錢，而且強調這個價錢是如何不可思議地便宜。我笑著看著他說服我，無言。

有個婦人走過，停下，站在一旁聽我們說話。我想，只是我想，她大概擔心我這個外地人被欺負，便站在那兒觀看。男子見了，說若婦人有興趣，他可以載我們兩個人。婦人說她就住附近，我說，那我可以跟著這位大嬸找到想去的胡同。男人很沮喪，但仍無法放棄，好像已經花了十分鐘了，這個時候放棄，所花費的時間便太昂貴。最後，我狠下心來說我真的不想搭他的車，他可以早點下工回家吧。他喪氣地走了，而我則真的跟著婦人一道，往胡同區走去。

婦人問我打哪來，我說臺灣，其實應該說是倫敦，但這個當下，從臺灣來才是真相。她說臺灣是寶島，他們從小在學校裡學的，臺灣有許多美好。我說是啊，很多漂亮的地方及好吃的水果，近來很多人去玩。婦人說她也應該去看看，又問我對北京的感覺。我說像回家。她問是不是父母親從中國來，我說父親是山東人，她說那就是像回家。是啊，我說。尋根，她說，很多人回去是因為父母的緣故，想看看父母的故鄉。我問她是否天天來看故宮。她說不進去，但每天繞著故宮走一圈，每回都被那美而大的建築震憾。我完全可以想像。與婦人道別後，我沿著漁池子胡同往長安大街走，路上買了一個甜餅一個鹹餅一個肉餅，吃得非常開心，往國家大劇院走去。

富裕到不能吃蛋黃的北京

食物與人，都讓我想念父親。即使是直截了當挑戰兩岸關係的陌生人，亦然。

記得第二天的早餐桌上，與一位從山西來的負責審查出版的將軍同桌。當他知道我從臺灣來時，劈頭第一個問題便是陳水扁。我回道，「陳水扁沒當總統已經很久了。」但他還是關切我怎麼想統一與獨立。我說，我的立場是，別談統一也別談獨立，維持現狀就好。他點頭，說，統一了，臺灣人覺得吃虧。我同意。他又說其實兩岸各過各的，井水不犯河水也就好了，對於某些臺灣人表達的對中國的敵意，他不以為然。我說現在已經到了不可能各過各的啦，要合作呢，那麼多臺商，那麼多企業需要兩岸合作。他想想，也說對，確實沒有辦法再各過各的了。如今兩岸的發展是唇齒相依。然後這位將軍居然說，其實統一了，就叫中華民國，用民國紀年。我看著他，無法置信。他說，臺灣用的是民國幾年吧。我說沒錯。他覺得使用民國紀年其實比較適切，因為是革命之後幾年，用西元紀年彷彿忘了當年偉大的革命，有違共產黨的革命精神。飯吃到最後，將軍的盤子裡還有一顆荷包蛋，將軍把蛋白吃了，筷子挑動著蛋黃，問我，「這蛋黃到底能不能吃啊？有人說是膽固醇高。」我說是啊，年紀大了就最好不要吃了。他有點不捨地同意，決定把那蛋黃留在已經刮乾淨的餐盤裡。我心想，北京已經富裕到不能吃蛋黃啦！真是不可思議，小學時一直要解救的「水深火熱裡的大陸同胞」，這會兒也和我們一樣有著膽固醇過高的問題要煩惱了。

威權統治下的精神分析

這些個人經驗溫熱著我的心，但這些暖烘烘的個人交流卻常被其他的經驗打斷，每天行走吃食參加會議，總是隨時隨地被提醒，這是一個威權、一黨專政的國家，資訊被嚴密地控管著。坐在書桌前，沒有Youtube，沒有google，搜尋到的網站總有幾個白白的窗，窗裡寫著，此處沒有你要的資料，或是網址已被永久移除。望著那一個個白窗，第一次有種「有人對你所查閱的資訊非管不可」的感覺。行走在路上時，眼目所及到處都有公安。公安站在街角，公安站在天橋上，公安站在公交車站旁，公安站在各個觀光客聚集的景點。然後，便是那一再上演的可怕致詞。而我，已經很久很久沒有坐在台下聽著一串串官腔官調的廢話。精準一點說，應該是我師專畢業後，也就是臺灣解除戒嚴後，就沒再有呆呆地乖乖地坐在台下聽這類沒有內容沒有養份的官話。而這些官話居然在亞洲第一屆精神分析會議裡一再出現，完全違背我於倫敦九年所習得的精神分析精神。司儀不斷介紹某某長官上台致詞，上台致詞的長官不斷強調中國對精神分析的支持，以及文化交流如何地美好，此種官腔官調居然也漫延到精神分析師們身上，彷彿害怕得罪了中國一般地說著恭維的話，令人非常氣餒。好像，因為文化如此不同，政治立場如此相異，便失去了說話思考的參考座標。這樣害怕得罪一個文化或國家（而且這個文化其實不是中華文化，而是極權文化）令人擔心精神分析在中國的發展會扭曲到什麼程度。

公開的場合如此，私底下，卻可以聽到許多擔心。會議第二天，中場咖啡時間與一位以色列精神分析師坐在同一張沙發上，當她得知我的背景，便問我如何看待一個極權國家裡的人躺在躺椅上時，其已內化的「極權統治」（超我）。這個佈滿監控審查言論正當與否的國家是否可能給予躺椅上的說話者足夠的自由談其內在的狀態？我的答案不及我的一位上海精神科醫師朋友所言精準，他曾在二〇〇九年的上海精神分析會議上說道，「連天安門都不能談了，談什麼自由聯想！」連個人的電腦裡都有中央控管的監視系統，精神分析躺椅上的人的言論能自由到什麼程度？某些精神分析師們一再強調精神分析在中國有無限的可能，但持相反意見或強調「有待觀察」的分析師亦不少。連設計北京精神分析培訓計畫的德國分析師也注意到中共領導階層對精神分析培訓計畫的監看態度。一切有待觀察。究竟掌權者的態度為何，要看精神分析的「威脅性」有多少。某些分析師們在公開場合對中國推銷的「華人文化」（我得再次強調，中國不等於華人文化，中國向全世界推銷的中華文化亦不等同於華人文化）及對「中國」的討好態度已透露了危機。

來自瑞典主持我的論文發表會的分析師，會後與我談到，瑞典的分析師們爭著要來北京，希望可以在一切尚未明朗的時候，搶得一個可以影響精神分析發展的位置。她甚至提到精神分析在瑞典如同將死的學問，無法吸引新一代的青年人加入，一個垂垂老矣的學問在中國尋找第二春。此種景況聽來有些淒涼，但也反映了全球無論在科技或經濟皆向東方靠攏的局勢。我很好奇佛洛伊德對這樣的發展會有什麼看法。他老人家一輩子沒見到精神分析踏上中國大概是很遺憾，但他對於極權政府對精神分析的攻擊及迫害一點也不陌生。雖然中國一直沒有迫害猶太人的紀錄，不會因為這是門猶太人創立的學問而反對它，但對於鼓勵分離獨立個體化，探究潛意識及強調自主思考的精神分析，不尊重個別性及獨立自主的極權文化究竟可以容忍它多久?中國主事者目前大概還搞不清楚狀況，不知道精神分析到底是個什麼東西，以為歡迎精神分析到中國就和舉辦一場眩人眼目的奧運會一樣是一種中國威震天下的手勢。若這種搞不清狀況的時間長一點，也許精神分析有機會埋下深根。也許，經濟高速發展的中國會在一、二十年後漸漸向尊重個人人權靠攏，那麼精神分析才有可能不受扭曲地發展吧。

寫於二〇一〇年十二月

個人的與人類的集體經驗

每個人都有父母，都有童年，都有老家房子和那方遊戲空地，每個人也都有心悸的啟蒙時刻，萊辛說的一點沒錯，成長，就是一個不斷發現個人獨特生命經歷其實只是人普遍經驗的過程，它是無可比擬的還是不足為奇的呢？唯「這個」個人生命無可比擬經歷其失落，原來是緩緩的，難以言喻的，是耶非耶的一層一層拆揭過程，所謂的「一個」毋寧是一次又一次甚或海浪般的一次次退回重來，容許在寸心自知的個人經歷逐步融入集體經驗取得對話取得自省並取得擴展想像而不是自此消亡不存。

《在咖啡館遇見14個作家》，唐諾，頁一〇七在分析躺椅上談著「想回家」多年之後，終於明白想回去的是「童年」，是那些在竹林裡蹣跚行走，跟著姊姊一路呼喊著「等我！等我！」卻怎麼樣都跟不上的日子，是那穿梭於橘子園裡，爬上爬下任意摘吃橘子的快樂，是流浪於嘉義市不斷移動到父母新租的下一個屋舍的無家之苦，是父母購置於大林鎮的第一個家，是那座被稻田圍繞的學校，是那片任人狂奔亦達不到邊境的西操場，亦是那夏日裡與眾玩伴翻牆偷摘桑葉而被狗追的興奮，以及那些青澀少年時代埋首苦讀之餘還能於冬日午後與同班同學一起橫躺於操場上享受陽光的快樂……而這些其實是再也回不去了。

確實是以為自己的童年如此不凡，如此獨特，如此無可比擬，是誰也不懂亦不知，直到發現，一個在蘇格蘭高地長大的孩子亦有著類似的經驗，只不過狂奔於其上的是高原，呼吸著的是草原的空氣和湖的清澈，而成年離開後所渴望的亦是「回家，回到那片草原，有一天一定要回去」。心情是如此相似。但同樣地，是怎麼樣也回不去了。因為童年已逝，人已長大且開始蒼老。

於是，說出「成長，就是一個不斷發現個人獨特生命經歷其實只是人普遍經驗的過程」的萊辛，與佛洛伊德一樣偉大。

一八九五年，佛洛伊德發現他內在有著愛戀著母親並想將父親去之而後快的渴望。他當下即判斷，此乃全人類共享的渴望，必然的命運，並借用了希臘神話，稱之為伊底帕斯情結。一百年後，在臺灣這個小島上有個少女在閱讀了佛洛伊德所描述的伊底帕斯情結後，大吃一驚，她以為的完全是私密且從不敢對人言的念頭——愛戀著她的父親並渴望排擠母親，原來一點也不是祕密，沒想到早有人將此種心情描寫得清清楚楚。這少女是我的姊姊，那個我花了好幾年時間在後頭苦苦追趕的人。

一路追趕著姊姊到博士班，有一天，命運之輪轉了幾折，我突然之間走向一條岔開的路，飛行十萬英哩到了一個陌生的國度，在一個離佛洛伊德只有一條街的訓練中心學習精神分析。究竟這一路追隨的是姊姊？是姊姊心儀的佛洛伊德？還是我心儀的佛洛伊德？然後在一個離家十萬英哩的國度裡的某張躺椅上不斷地思念著家鄉及童年。這張躺椅意外地成了我心靈的故鄉，而那坐在躺椅後面，一個與我怎麼看怎麼不同的人，居然對我的心智狀態有著如此深刻的理解，且漸漸解開了我鎖在肚腹的憂傷。一門發源於歐陸，蓬勃於英倫的學問瞭解了一個華人的心智。就這麼簡單。個人內在的種種掙扎衝突與痛苦乃是人類共享的經驗。於是要問，我個人的掙扎衝突與痛苦是「無可比擬」抑或是「不足為奇」？

答案恐怕是「兩者皆是」。診療室裡，每一個病人的個人掙扎衝突與痛苦皆「無可比擬」，需要分析師的感同身受及憐憫。同時，分析師心裡還有一個空間在於將經驗概念化並訴諸於語言，此時病人的掙扎衝突與痛苦「不足為奇」，皆可於人類歷史長河裡或分析師過往的工作經驗裡找到相呼應的故事。好的分析師能在兩者之間游走，能被個人的掙扎痛苦感動，亦能拉開人對人的感動而進行思考，找到意義。無法言說的情感化為語言的過程需要貼近及遠離。這確實是個人經歷漸漸融入集體經驗並與之取得對話的過程，對躺在躺椅上的人與坐在躺椅背後的人皆然，而取得對話的空間在分析師的心智裡。

而我對我渴望回去的「家」、我的童年，需要貼近及遠離。已經於現實生活裡遠離的，需要在診療室裡貼近，重新看見並經驗。在現實裡已不存在的於記憶的情感裡重新活過來，它所得到的新的意義給過生活的人新的機會重新感受活著。

寫於二〇一一年二月，

閱讀唐諾的《在咖啡館遇見14個作家》後引發了一些想法

輯二

佛洛伊德也會說錯話

佛洛伊德也會說錯話

站在佛洛伊德辭世達四分之三世紀的今天，誇張些來說，佛洛伊德的價值，不在於他是個說對話的人，而在於他是個說錯話的人，他那些英勇到跡近魯莽、漏洞一堆但卻充滿啟示力量的錯誤話語和主張。

《讀者時代》，唐諾，頁一九五

唐諾這話說得好，我讀佛洛伊德，確實每每為他那石破天驚充滿啟示力量的話語和主張所震懾，而陷入一種對人世有了不同層次的瞭解的通暢。其經驗就像是讀聖經或孔子語錄一般，智性受啟蒙，精神得提升，雖然這些話語常因過度簡化而至漏洞一堆。

批判佛洛伊德的錯誤主張者，百年來不乏其人，而盛讚其天啟般之真知灼見者亦所在多有。兩類論述之源源不絕正印證了此人之不凡。對於修習精神分析之實務工作者，兩種能力皆為必要，亦即，要能看得見佛洛伊德的錯誤及漏洞，也要能辨識其論文中歷久不衰的真知灼見。

佛洛伊德的錯誤

佛洛姆[1]於一九三五年發表之〈精神分析治療之社會決定因素〉（The Social Determinants of Psychoanalytic Therapy）[2]即是批判佛洛伊德錯誤主張的特優之作。作為一個精神分析圈內人，佛洛姆不僅詳讀佛洛伊德，有堅實的哲學基礎，更有一般人少有的，近距離觀察第一代精神分析師的最佳位置。細讀這篇立論嚴謹的論述，不難發現，文章標題中的「社會決定因素」所指的是某種社經地位所塑造出來的小眾文化，原文為bourgois，中文譯為「布爾喬亞」，翻成白話文即是「中產階級」。

佛洛姆直批佛洛伊德的精神分析理論與實作充滿中產階級文化的限制與偽善。

首先，他批評佛洛伊德及其門徒錯誤地認為病人在診療室裡與分析師所建立的關係完全源自於其童年經驗，簡言之，亦即診療室裡的兩人關係純粹只是一種移情，一種重覆，與分析師的人格、文化及成長背景無關。此種漠視診療室裡此時此刻分析師的人格、性別、年紀等等對分析工作的影響，是佛洛伊德的偏見。

佛洛姆認為，分析師意識層面的所思所想不重要，真正對病人具有影響力，可以讓病人樂於合作，減少阻抗的，是分析師潛意識裡對病人無條件的關注及不批判的態度。換言之，分析師潛意識層面對文化及社會禁忌的態度，才是決定分析能否有進展的關鍵。他認為佛洛伊德一再強調的，分析師在治療病人時必須持有的中立、漠然、不論斷並「容忍」病人的態度，乃源自布爾喬亞文化。若分析師對病人患精神官能症的態度是「容忍」（tolerance），即已洩露其「不能容忍」。而此種存在於潛意識的「不能容忍」比任何表象的「中立」更為關鍵。

以佛洛伊德的主張「壓抑的性慾造成精神官能症」為例，佛洛姆引經據典指出佛洛伊德個人對性的布爾喬亞立場（亦即，「禁慾乃文明的唯一選擇」）如何與其一再強調的中立論背道而馳。佛洛伊德一方面主張女病人愛上男分析師乃無法避免之分析現象，男分析師得「千萬忍耐」（"and he has to muster all his tolerance 'to regard them as natural phenomenon"），另一方面又在《性學三論》裡大肆批判這些女人「變態」（the "most repulsive perversions"），並表達他如何憎惡這些「未受教化的愚婦」（"average uncultivated woman"）。在佛洛伊德眼中，女人的昇華能力較差、較易走向變態之路、智能較男人略遜一籌，而凡此種種，皆為「天生如此」，與社會文化因素無關。佛洛姆直截了當地說，佛洛伊德對女人的敵意只不過是他憎恨感官享樂及性慾的另一表現。這些根深柢固的潛在信念限制了心理分析的進展，增加病人的阻抗，而佛洛伊德堅信病人的阻抗單純地就是病人的阻抗。佛洛姆對此不以為然，字裡行間透著氣憤，並再舉證，佛洛伊德狹隘地把有違布爾喬亞價值觀的行為皆視為「非常態」，皆有其未修通之情結，皆為一種「精神官能症」（neurotic），而忽略了所謂的「正常」（中產階級文化眼中的常態）行為亦有其精神官能之根（neurotic roots）。

佛洛伊德的錯誤，族繁不及備載。

充滿啟示力量的主張

但，我心裡念念不忘他於一九一七年發表的〈哀悼與憂鬱〉中的真知灼見。這篇文章在將近百年之後仍令人在一讀再讀三讀……不斷再讀中驚嘆其洞悉憂鬱真相的能力。藉由比較哀悼與病態憂鬱之心理現象，佛洛伊德探索憂鬱狀態下不斷自責、自貶的心理機制。他發現在這不斷自責自貶的過程，病人的「自我」已成了其攻擊的「客體」，於是看見「自我」（ego）一分為二的現象。被攻擊的「自我」其實代表著已認同的客體，所謂的自責自貶其實旨在責備他者（客體）。本文的曠世金句 **"The shadow of the object falls upon the ego"** 成為眾分析師最喜歡引述的名言。這句話意味著客體已逝去，但其陰魂不散，附身於自我裡。這個概念解開了自我傷害之謎，闡釋了認同的概念，更成後來「超我」（superego）概念的房角石。而佛洛伊德所提出的伊底帕斯情結更是一路暢銷（**"forever hit!"** 俄尼斯・法闡德〔Ernst Falzeder〕語，二〇〇七）[3]，影響所及，不只精神分析界，還包括文學、電影及你所想到的各種形式的藝術。我當下立即想到的是春上村樹的《海邊的卡夫卡》——東方版的伊底帕斯，好看得像神話。

佛洛伊德發現的真相，族繁不及備載，百年多來繼續發揮其啟示力量。

寫於二〇〇八年五月二十七日

附註

1 一九六九年，佛洛姆的《愛的藝術》翻譯成中文，由志文出版社出版。此書在臺灣成為知識份子及學子之間的暢銷書。我還記得年輕時閱讀此書時的感動。

2 此文以德文發表，英文版直到西元兩千年才由俄尼斯·法闌德（Ernst Faltered，心理學家及精神分析歷史學家）翻譯出版於 *International Forum of Psychoanalysis*, 2000; v. 9 (3-4)。

3 二〇〇七年十一月，榮格學會與英國精神分析學會合辦了紀念榮格面見佛洛伊德百年大會。法闌德由奧地利趕來以歷史學家的身份發表演講，並與另一位歷史學家Sonu Shamdasani演出這場歷史性會見。

《夢的解析》之後與之前

之後

一直渴望好好閱讀佛洛伊德的著作，因此對於精神分析學院第一年的課程要精讀佛洛伊德十分期待。但，兩週內把佛洛伊德所寫的曠世鉅作《夢的解析》讀完的結果是，有種吃太飽而從此不再想吃的痛苦。我的同學麥卡說得好，美味的食物一直吃一直吃，也會讓人反胃。我現就處在反胃的狀態。此時，星期二傍晚，要去上「閱讀佛洛伊德」前，我的腦袋已經停止瞭解。

《夢的解析》第七章，〈夢的心理學〉，偉大的地誌學典範在本章隆重登場，延續一八九五年出版的探究心智歷程的科學理論《方案》（*Project*）一書，佛洛伊德於《夢的解析》一書裡繼續建構人類心理動力歷程之理論。此書第七章，佛洛伊德正式提出他發展出來的意識、前意識及潛意識理論。這個理論建基於他針對自身及病人所做的夢的分析。「夢乃願望實現，不管表面看起來有沒有願望直截了當地被實現」、「我們得對前意識與潛意識之間的互動有更進一步的瞭解」、「遺忘乃是一種阻抗」，「凡是阻礙分析進展的皆為阻抗」……。如今人們耳熟能詳的金句名言在一百多年前可是石破天驚。夢並非只是生物性的一些刺激反應，夢表達了人已經被壓抑不再記得的童年渴望及經驗。潛意識裡急著想要表達的意念及衝動及渴望及願望再也忍受不住，那些個人於白日收羅的不相干的訊號影像聲音話語中總有可能勾住心智底層種種衝動渴求及願望的元素。這些元素在夢裡被置換被壓縮被扭曲改造，重新登場時，成了莫名其妙的故事情節，在心智舞臺上演。但，佛洛伊德強調，這些故事情節都是有源由及極具個人意義。它們不在預告未來，而在闡釋個人所經驗並詮釋的過往。

從未如此近距離地貼近佛洛伊德。也許是我更有能力再貼近他一點了吧。不同階段閱讀佛洛伊德有不同的體會，每一回都覺得自己又多理解了一點。

但，讀了五、六百頁的夢的解析，我的眼睛已經脫離我的心及我的腦，紙頁上一行一行的字不再有任何意義，我闔上書，開始煮菜做飯。近來熱衷做飯，以食物聊慰思鄉之情。因為是為了治思鄉之情，煮什麼米便成了大事。倫敦吃米飯的人種極多，超市裡陳列著各式各樣的米，可惜的是，就是沒有臺灣來的米。印度人吃的長米乾而硬，我吃不慣。泰國香米顆粒小，米粒不夠紮實。日本壽司米太珍貴，一般超市不賣，偶而到日本小市場，想買，一看到價錢就買不下手。英國人用來做飯後甜點的米像我們的在來米，但是有一樣的問題，米粒不夠紮實，嚼勁不夠。找來找去，找上了義大利米，口感較能騙過被臺灣米寵壞的味覺及胃覺。有趣的是，我在倫敦最要好的朋友友瑪莉娜即是義大利人，與她相處常有一種「同根生」的錯覺。我於是生出一種想法，華人與義大利人在心理層面的相似度可能比與日本人的相似度高。這當然夾雜了我在此地常遇到話不投機的日本人所生出來的偏見。

星期二傍晚的課非常精彩，即使我的腦袋已經停止消化吸收佛洛伊德，授課的分析師蘇珊．隆登（Susan Loden）還是成功地讓我明白了佛洛伊德從一八九六年至一九〇〇年之間著迷於夢之分析時的思考狀態。《夢的解析》書裡屢屢出現的佛利茲（Fliess）是佛洛伊德智性世界的密友，許多寫在《夢的解析》書裡的夢及分析，佛利茲是第一讀者。另一位老師莎拉・法蘭德（Sara Flanders）在第一次上課讀《歇斯底里症研究》（*Studien über Hysterie*）時就很感性地談到，雖然佛洛伊德在歇斯底里研究裡屢屢提到是布魯爾（Breuer），在這書出版時，布魯爾已經漸漸淡去，不再於佛洛伊德的情感世界占有重要地位，當時，一八九五年，佛利斯已經取代了布魯爾的位置，成為佛洛伊德個人情感及學術研究的對談對象。這些個人的情感及對學術的追求一一呈現於《夢的解析》一書裡，叫人佩服佛洛伊德以揭露個人內心狀態以探究人類心智世界的勇氣。要我將自己的夢如此地暴露，我是絕對辦不到的；當然，我亦無佛洛伊德過人的才智，能將個案研究所得延展為人心智運作的理論。

除了米之，還有菜。倫敦超市裡的青菜選項少得可憐。根莖類的菜色較多，葉菜類則一定得到中國城才有得選。前一陣子，瑪莉娜帶路，我們騎腳踏車穿越攝政公園到荷蘭路，抵達市中心才花了十五分鐘，再騎個五分鐘就到中國城。從此我樂於騎腳踏車到牛津商圈，進攝政街後轉中國城，二十分鐘，進到中國城，聞到熟悉的、從飯館裡傳出來的飯菜香，即可騙騙自己，離家並不遠。

這年頭，距離是很難測量的一種東西。離家遠不遠得看你用的是什麼測量單位。網路寬頻大道上，倫敦與台北很近、很近。滑鼠一點，台北與倫敦只有兩秒鐘的延宕。不過，在計算著什麼時間可以回臺灣，要停留多久，機票多少錢時，臺北和倫敦就很遠、很遠。

之前

《夢的解析》之前。九月二十日，精神分析學院開學，七個新生。開學典禮於佛洛伊德博物館舉行。博物館當天早上只為我們這七個新生開門。英國精神分析學會會長麥可・柏樂利（Michael Brearley）與負責新生訓練的分析師隆登與我們圍坐一圈，非常正式卻也閒適地同我們說話。會長簡要說明英國精神分析學會發展史，特別強調目前學會裡已經取消了學派團體之分，只有所謂的「傳統」之別，個別學員也不再需要認同或歸屬某一個學派團體。這話聽起來有點遠，我聽了像沒聽一樣，連著好幾週與我的分析師談「精神分析圈內的學派衝突」，直到五週後，才被分析師「點醒」，才想起來其實已經沒有學派團體了。會長說完話，接著是隆登的短講，將佛洛伊德所處的時代背景及其偉大之處簡要但精彩地描述。十九世紀末的醫學、哲學及心理學發展已有了許多關於心智運作的研究及理論，佛洛伊德偉大之處不在於發現「潛意識」及人類「心智運作」的真相，而在於重新詮釋、界定並串連許多已經存在的一些研究結果。我們激烈地談論著各自對精神分析的看法。然後觀賞記錄了佛洛伊德先生最後幾年的錄影帶。這錄影帶我已看了許多回。佛洛伊德因口腔癌而消瘦的身軀看不出來偉人的樣子。不過，歷史上身軀並不雄壯威武的偉人比比皆是。

好像是希望我們多多呼吸佛洛伊德的精神似的，我們被邀請進到並不對外開放的佛洛伊德的書房細看，他書桌上的擺設，他的躺椅，他坐的椅子，書櫃裡的書，牆上的畫。我們對所見之物品頭論足，開玩笑地說我們應該在他的躺椅上躺一躺，也許就能因此被打通經脈，神奇地對精神分析一通百通。

書櫃裡，我發現了《埃及文自學手冊》一書，原來除了自學西班牙文之外，佛洛伊德也自學埃及文。佛洛伊德聰明過人，年少時自學西班牙文到非常流利的程度，以一隻狗的身分與遠在西班牙的友人通信。這西班牙筆友也用「一隻狗」的身分回信，所以是「兩隻狗」用西班牙文寫著信——青少年的胡鬧。在《夢的解析》一書裡，佛洛伊德分析自己的夢，談了許多自己的童年、青少年，為追求科學真相而坦陳過往種種的程度令人肅然起敬。《夢的解析》於是有多層意義，它不只是精神分析理論重要著作，更是佛洛伊德個人心智世界的表露。這本書於是成了精神分析實務工作者、理論研究者、歷史學家都有興趣且必讀的經典。

花園裡的野餐非常美好。一樣是一生只有一回的經驗。我們在博物館的花園裡午餐，初秋倫敦的陽光十分美好，大伙兒談著異鄉經驗。是的，異鄉人，我們七個新生裡只有一個是本地人卡翠娜。不過卡翠娜並不認為自己是本地人，蘇格蘭雖然不遠，她還是堅持自己是異鄉人。另外的六個人中，兩個華人、一個波蘭人、一個日本人、一個蘇俄人，還有一個荷蘭人。像是小型的聯合國似的，令人不禁想問，「那英國人都到哪兒去了？他們對精神分析沒有興趣嗎？」當然不是。所有在英國精神分析學會受訓要成為精神分析師的人當中（約莫四十五人），本地人還是多數，只是這一年新生比較特別。這對我是好的，因為全是外國人，說起英文全帶著口音，於是我們的如此不同便成了相同，同在異鄉為異客，這共同的經驗反倒使我們這個班很快就形成了生命共同體。

然後就是一直閱讀佛洛伊德。

一路閱讀才發現要貼近佛洛伊德是那麼困難。課堂上，我們動不動就想到比昂、想到克萊恩、想到溫尼考特、想到榮格、想到與佛洛伊德有關的八卦……，就是很難緊緊地貼著佛洛伊德的思想，及其思想的劃時代意義。老師們不斷地在我們走入歧途後將我們拉回來。是一百多年前的事了，心理學已經走了一百多年，要在心裡架構佛洛伊德發展其理論的時代背景，追尋他當年的思維確實不是件容易的事，但一旦學會讓心停留在一百年前，就無法不被佛洛伊德所建構的理論震懾。寫於一百多年前的潛意識理論今日讀來仍是如此貼近心智運作的真相。我們受制於潛意識的程度大過我們意識上所能理解的。

當然，對精神分析的熱愛並不能解決味覺及肚子思念中國菜的問題。有意思的是，我對中國食物的渴望隨著居住倫敦的年月增加而上升。住得愈久，對家鄉吃食的想念愈深，愈需要自己在家動鍋動鑊煮出有媽媽的味道的食物。相較於剛從北京來，熱愛起司、麵包、牛油及果醬的L及從上海來熱愛約克夏肉派的M，我大概是非常古老而傳統。

寫於二〇〇九年十月

潛意識、夢及移情

談精神分析歷程，一定要談的兩個主要概念，即是潛意識及移情。潛意識非佛洛伊德的發現，關於潛意識為何，如何運作，自十八世紀以降，學術界，特別是哲學界，及民間便有各種理論。在治療歇斯底里病患時，佛洛伊德開始有系統地研究這個主題。他從這些因心理因素引發生理病症的病人身上發現，此類病症有其被病人壓抑掉的心理意義。因為內在有不被自己許可及接受的意念及渴望，病人透過扭曲、置換或認同的方式發展出某種病症。

在這段治療及研究歇斯底里的時期，佛洛伊德先是運用「催眠」，後來使用「自由聯想」來找到被病人忽略、或避開的想法。當時佛洛伊德常對病人說：「告訴我任何進到你心裡的念頭及想法。」病人除了告訴佛洛伊德他們的想法外，也告訴他，他們的夢。這引發了佛洛伊德極大的興趣。他漸漸發現，夢其實是一段進到病人潛意識裡的捷徑。於是他開始大量分析身邊友人同事、友人同事的家屬及病人的夢。

大量解夢

佛洛伊德於《夢的解析》一書裡對夢理論有詳細的文獻回顧，並研究「夢與潛意識之關聯」。佛洛伊德發現，夢和症狀有其相似性（dream could be seen as symptom）。歇斯底里病人的症狀是內在衝突的表徵，也是一種溝通，是潛意識願望不得實現的結果，而佛洛伊德認為夢亦如是。於是他以研究解析歇斯底里症狀的方式來研究夢。

在《夢的解析》第二章，佛洛伊德所做的文獻回顧裡，提到歷史上有三種對夢的看法：(1)有些科學家認為夢是生物性的反射反應，不具任何心理意義，無需探究；(2)夢是預言，最具代表性的乃是《聖經》〈舊約〉裡約瑟解法老王的夢，「有七隻母牛從河裡上來，又美好又肥壯，在蘆荻中喫草。隨後，又有七隻母牛從河裡上來，又醜陋又乾瘦，與那七隻母牛一同站在河邊。這又醜陋又乾瘦的七隻母牛喫盡了那又美好又肥壯的七隻母牛。」約瑟將這個夢解釋為埃及將有七個豐年，而七個豐年之後，將有七個荒年。在此種解夢的傳統裡，夢被視為是一種預言，而解夢乃是一種天賦，不是一般人能為之。(3)夢之解碼書。此種論點認為夢具有普世性的象徵，不同的人做的夢裡，相同的東西具有相同的意義，亦即我夢見的房子和你夢裡的房子表徵的是同樣的意義。所以透過解夢書，人人可按書索驥，找到自己的夢所表達的意義。在此三種解夢方式之外，佛洛伊德特別在註腳加上另外一種，「東方，有一種解夢法是，解夢人會探問做夢者的家族背景，婚姻狀況，子女，以及他近日的煩惱，等到窮盡一切問題之後，才解夢。所以夢是與做夢者的家庭經驗，情緒困擾有關的。」佛洛伊德認為自己的解夢法比較是這種取向。

雖然病人告訴他許多夢，但礙於專業倫理的關係，佛洛伊德無法於書中使用。有許多同事朋友告訴他他們的夢，他也沒辦法用，因為他不知道做夢者的童年經驗，家庭背景，以及他們心裡近來想著的事，和他們白天經驗到的生活。他於是分析自己的夢，希望找到潛意識做夢的機制。佛洛伊德分析夢且找到其形成的機制及功能，將這個古老的議題整理成為有系統的學問。同時，藉由夢的分析也讓我們看見潛意識的內容及運作歷程。夢是白日殘餘及潛意識願望的結合，但為什麼潛意識的願望不能直截了當地表達而要加以扭曲呢？於是發現，潛意識裡存在的審查機制，而此機制與另外一心理機制——壓抑，密切相關。

睡夢裡，潛意識透過夢，將做夢者心裡所掛念著，困擾著，渴望著的想法及情緒（尚未浮現意識的想法及情緒）用表徵的方式呈現出來（畫面及文字語言），因為素材已經過扭曲、壓縮、置換，夢裡呈現的畫面或文字或語言必需經過解析才能得知其原始訊息為何。將夢還原為「夢想法」（dream thought）是分析夢的任務，而佛洛伊德認為「夢想法」多是願望實現。

在診療室裡也是同樣的歷程。病人帶到診療室裡的素材，不論是他生活裡的、與人的互動經驗或工作上的困難及家庭裡的痛苦快樂，就像是做夢者於夢裡所呈現的白日殘餘片斷及心裡尚未被覺知到的想法及情感，必需透過系統的分析才能重現其原貌。精神分析即是這樣一套有系統的研究心智活動的方法，而精神分析歷程即在應用這套系統性研究法來研究病人所帶進診療室裡的各種素材，包括語言構建出來的生活故事、夢以及非語言所做的溝通。這也是為什麼在一九○○年主張「夢是通往潛意識的皇家大道」的佛洛伊德會在一九二〇年代提出，夢不過就像病人帶到診療室裡的其他素材一樣，我們不應該對夢有特殊的對待。亦就是說，我們在面對夢之外的素材，也應該秉持著分析夢的精神來進行解析。

地誌學典範

一九〇〇出版的《夢的解析》是佛洛伊德在建構精神分析理論之路上的一大步。在本書中，佛洛伊德提出他的心智運作理論，即是後人所說的地誌學典範。心智像地層一樣，在上的是意識，中間是前意識，下層是潛意識。潛意識裡有所謂的描述性潛意識——指的是內容，及動力性潛意識——指的是其運作，包含其自身內在的運作及它與意識及前意識的互動。這個時候的佛洛伊德認為所有的夢都是願望的實現，而這些願望大部分是意識／社會規範／道德／教育所不容許的，於是無法進到意識裡被知道，無法進到意識，卻不表示這些渴望及衝動就會乖乖地待在潛意識，它們使盡辦法要進到意識層，於是搜索、收集可用的材料，於是白天在街上無意看見的一個招牌，與朋友吃飯時聊天談的一部電影，看電視時看見的一則廣告，走在路上看見的一個乞丐……皆是可用的元素，夜裡潛意識將這些食材炒一炒，變成一道「夢」。醒來時，外顯的夢其實離潛意識掛念的情感及想法已十萬八千里遠，要還原其原始相貌需要一套有系統的工具及程序。佛洛伊德在診療室裡努力進行的正是應用他所發展出來的工具及工作流程，來進行揭露潛意識內涵的工作。

移情研究的開始：朵拉

朵拉是佛洛伊德證明其夢理論的一個重要案例。在這個案例裡，佛洛伊德要讀者看見什麼叫做夢的解析做到極至（synthesis：夢裡的所有素材都得到充分的瞭解；每一個元素都有了病人的聯想，且聯想到再也沒想不出來其他的東西——像數學裡做因式分解一樣，分解到最小數字，再也不能再分解了）。然而，朵拉一例雖然是夢的解析做到極至的成功典範，卻是治療徹底失敗的案例。在給了朵拉最好的分析，讓她看見被她壓抑的渴望後，佛洛伊德反而被病人開除了。

這段經驗讓他耿耿於懷許久。一個被病人開除的分析師，努力地在撰寫其個案報告的過程裡去整理及消化「到底發生了什麼事」。最後佛洛伊德不得不承認，這段治療之所以提早結束是一種「共演」，是過去經驗的重覆，是「移情」的結局。這段治療讓佛洛伊德十分痛苦。但自此移情進到精神分析中，被認真處理。佛洛伊德開始在治療裡處理移情。他長篇撰寫的第二個個案「鼠人」便有不同的遭遇。在佛洛伊德第二次見這個患有強迫症的病人時，病人談他在軍中的一個長官，此人熱衷於談論「施虐／受虐」的主題，常常講一些與此有關的奇人異事。病人想要談此軍官在閒談時提到的一段東方某國家處罰犯人的方法，但太焦慮，從躺椅上坐起，沒有辦法繼續，這時佛洛伊德安撫他，對他說，他不是他的軍中同袍，也無意在此虐待他。佛洛伊德也注意到「鼠人」在這次晤談裡頻頻喚他為「上校」，移情十分明顯。

佛洛伊德從朵拉那兒學到了處理移情的重要性，但他的方式著重於協助病人區分他／分析師並不是病人所害怕的父親／母親／同僚／長官／權威者。在協助病人將他／分析師與病人過去或現在生活裡的某人區分開來的同時，分析師鼓勵病人好好想他們現在正在探討的關於病人的主題，及其潛意識的意含。「鼠人」一案例探討的是強迫性想法及行為背後的毀滅性驅力，其種種行徑裡蘊含的同性戀傾向、閹割焦慮、施虐／受虐的幻想，以及愛與恨的衝突。在《鼠人：強迫官能症案例之摘錄》（*Notes upon a Case of Obsessional Neurosis*）一書裡，我們已經可以看到佛洛伊德在分析技巧上的改變。他開始談到分析師要相信，要信任治療歷程的流動，相信治療應由病人決定要談什麼，而非治療師來主導。

漸漸地，精神分析師慢慢認識到移情在精神分析中的重要性，佛洛伊德也漸漸看見移情不是只有移情愛而已，還有移情恨。精神分析的發展在認識了移情一重要現象後有了重大的改變。移情成了分析師瞭解病人潛意識世界的重要媒介，夢不再是獨一無二的通往潛意識的路徑。佛洛伊德之後，克萊恩是將移情用到極至的一位分析師。而她的三大門徒之一西格爾更鏗鏘有力地說，分析師在分析情境裡所做無他，「移情詮釋而已」，而若分析師所做的並非移情詮釋，也是在為移情詮釋做準備。這個一言以蔽之的宣告在當時的歷史脈絡裡有其政治目的及意義，但若真將病人帶到診療室裡的種種全變成與分析師有關的詮釋，很容易將分析限制在一個封閉的空間裡，反而會將想像空間縮小。於是，精神分析的發展進到眼前這個階段，討論及爭辯的是「如何做移情詮釋」、「做多少移情詮釋」，以及「移情詮釋的時機」。精神分析發展至此，其臨床面貌與佛洛伊德當年的精神分析極度不同，但就探究的議題及理論，今天與當年其實十分接近。

寫於二〇一〇年四月

思考女性特質（Femininity）

佛洛伊德對女人的偏見眾所皆知，他的名句，「女人如黑暗大陸，我們對其所知甚微」，以及他堅持女人的心理發展及自我發展之核心是「陽具欽羨」表達了他個人的女性經驗，也呼應了十九世紀的男人對世界另外一半人口的看法。他所提出的兩性性心理發展又與伊底帕斯情結密不可分，兩者是古典精神分析的「麵包與牛油」（bread and butter ——等同於華人的米飯，沒辦法沒有），少了它們，精神分析就不是精神分析。當年他與榮格和阿德勒（Alfred Adler）絕裂，時年一九一三，佛洛伊德便已義正詞嚴地批判榮格及阿德勒修改了他的理論，去掉了「性」與「伊底帕斯情結」，增加了他們認為重要的其他元素，卻仍然對外宣稱他們的理論是「精神分析」，是一種「混淆視聽」的行徑。他不斷呼籲榮格及阿德勒將他們所創立的理論另定他名——這個過程有點像是政治喊話。佛洛伊德的堅持有道理，他是精神分析理論的創立者，而創立此理論有其最根本的臨床依據，而此臨床依據裡，「性功能發展」及「性心理發展」是佛洛伊德從病人那兒所收集到核心素材，依據這些素材所建立的理論可以隨著時間對素材有進一步瞭解而更為精緻，卻不應該加以棄絕。臨床素材本身給佛洛伊德一條通往潛意識及心智運作的路，而人類生物性對性的需求，以及其文明對性的壓抑及扭曲更是歷歷在目。若將之棄絕，另起爐灶，當然得「正名」。名不正，言不順。我認為，榮格及阿德勒懂得佛洛伊德所言為何，於是很快，榮格稱其理論為「分析心理學」（analytic psychology），而阿德勒稱其理論為「個體心理學」（individual psychology）。

男孩女孩大不同

於是，自然要繼續談性。雖然於不同的時期，佛洛伊德會對他所提出的理論有所修飾，但他對女性的伊底帕斯情結及性心理發展所持的觀點卻一直沒有太大的改變。而且他認真的強調，「一切都是觀察到的事實」（it brings forward nothing but observed facts. Freud, 1932/1933, p.113）[4]。對佛洛伊德而言，女孩的性心理發展比男孩來得曲折，原初，女孩是個「小男人」（a little man），她認為自己和男孩一無二致，直到性蕾期（陽具期〔phallic phase〕），女孩基本上認為自己是個男的。性蕾期時男孩和女孩皆有強烈的自慰活動，男孩愛撫自己的陰莖，女孩愛撫自己的陰蒂，佛洛伊德認為，這個階段女孩的陰蒂與男孩的陰莖在其心理上所象徵的意含是一樣的。而且男孩女孩所愛戀的對象皆為母親，都渴望有一天，他／她能取代父親在性上面滿足母親。直到有一天，女孩和男孩各自震驚地發現，女孩並沒有陰莖。對男孩而言，這個新發現並不會讓他感到優越，這個發現使他處於極度焦慮的狀態，因為他的內在思路是，「糟了，真的有人的小雞雞是被割掉的！」女孩的沒有陰莖只證實了小男孩的父母親對他自慰的威脅是真的，「再摸，再摸我就把它割掉！」而女孩的震驚則是，「天啊，我居然沒有陰莖！」

自此，小男孩與小女孩的發展分道揚鑣。男孩恐懼自己的陰莖被父親閹割，知道自己的陰莖太小其實無法取代父親，來滿足母親，於是轉向認同父親，轉向希望有一天成為像父親一樣的男人，可以滿足所愛的女人。女孩則不同，佛洛伊德認為，在此女孩的發展開始曲折，女孩必須放棄對母親的愛戀，轉向愛戀父親，但是究竟在什麼樣的心理條件下，女孩才能放棄母親呢？答案在於女孩要開始憎恨母親，唯有恨才能讓她放棄以母親為愛慾對象。那麼是什麼讓女孩開始憎恨母親呢？其一是，女孩原本以為自己沒有陰莖完全是個人的不幸，但她漸漸意識到，其他女孩也沒有，最後發現，原來母親也沒有！原本她所仰賴的「陽具母親」（phallic mother）原來也是被閹割的，這令女孩非常震驚而失望；憎恨母親的第二個來源則是，是她（母親）沒給她（女兒）一根陰莖。這樣的憎恨使她轉向父親，尋求得到父親，並發展出取得陰莖的另一個途徑，即渴望從父親那兒得到一個嬰兒，嬰兒即可是她的陰莖。對佛洛伊德而言，成年女性對嬰兒的渴望根源於對陰莖的渴望。而這是女性一生的挑戰，克服「陽具欽羨」——「他有，我也要！」於是女人在佛洛伊德的眼中只有兩種命運，其一，認命，於是自覺劣等，總是比不上男人；其二，不服輸，在智性上超越男人，事業成功、學業耀人、母以子貴等等，都是一種取代，都是不願意承認自己確實沒有（陰莖）而以另一種形式擁有。於是女性處在不管怎麼做都輸的局面。

這個發展過程亦牽涉到另外一個重要的議題，即自我（ego）的發展。佛洛伊德晚年在發表了新的人格結構理論（自我、本我與超我）後，即不斷思考著「自我」的功能及它如何成形與發展。在思考自我如何發展出各種防衛機制時，佛洛伊德發現了「自我的分裂」（the splitting of the ego）是「自我」於發展過程裡使用的原始機制，其目的在於否認自我已認知到的現實。同樣地，又是以男孩為例。小男孩看見了事實（external reality）——原來女孩沒有陰莖，原來陰莖真的有可能被閹割掉，但這個知識所引發的焦慮太大，於是「自我」進行某種分裂，產生兩種態度，其一，「自我」知道女孩確實沒有陰莖，其二，「自我」堅持「女孩當然有陰莖」。這兩種相反的觀點在男孩心裡併存，一點也不衝突。為了證實女孩或女人是有陰莖的，男人各自有其求證的方式，「戀物癖」即是其一。透過愛戀女人的鞋，女人的腳，女人的任何身體部位，或女人的衣物，男人潛意識裡在說服自己，這些部分客體即是女人的陰莖，「事實證明，女人是有陰莖的」。在這個心理轉折裡，防衛機制為「不承認」（disavow），即拒絕所知覺到的事實。在這個過程裡，心智功能真確地感知到真相，但卻扭曲或操弄了自己的知覺（manipulating or distorting one's perception）。這個心理機制是日後「自我」在面對因外在現實而起的焦慮時所使用的基本策略。

但是，女孩的自我發展也是如此嗎？女孩的自我並未經歷這樣的分裂。女孩的自我要處理的議題，如前所述，是「他有，我也要！」於是女孩的自我沒有經驗男孩會有的分裂，這也是女人當中極少有人發展出戀物癖。但如前所述，女人沒有否認自己的知覺，她只是努力藉由各種方式來克服所知覺到的事實——「我沒有」的狀態。

這是佛洛伊德眼中的女人性發展。他非常清楚許多女分析師及女學者對他這些論點非常感冒，他雖然「一意孤行」，一輩子沒改變他對女性性心理發展的初衷，但也承認，他當然知道女人有很多面向，而在其他面向，女人和男人一樣，都是人。他不過是只從「性功能」的發展來談女人的發展，並不足以含蓋女人的所有樣貌，他這麼說：

> 我所提出的理論只是斷簡殘篇，而且聽起來並不友善。但別忘了，我僅只是從性功能的角度來描述女性。性功能的影響力非常深遠，但我們也不能

忽略從其他面向來看，個別女性也是人。倘若你想多知道女性特質的內涵，可以求教於自身的生命經驗，或詩歌，或等候科學提供更深入且統整的資訊。

It is certainly incomplete and fragmentary and does not always sound friendly. But do not forget that I have only been describing women in so far as their nature is determined by their sexual function. It is true that that influence extends very far; but we do not overlook the fact that an individual woman may be a human being in other respects as well. If you want to know more about femininity, enquire from your own experiences of life, or turn to the poets, or wait until science can give you deeper and more coherent information.（Freud, 1933, the new introduction of psychoanalysis, SE. 22, p. 135）

佛洛伊德的女人們

讀者不免好奇，佛洛伊德的個人經驗會是什麼呢？他生命中的女人是什麼樣貌呢？閱讀他對女性性心理發展的論點，不禁令人想到他的女兒，安娜．佛洛伊德，這個在精神上嫁給了她父親的女人；當然，我們也都知道安娜是個「取代者」，因為在佛洛伊德的孩子裡，他最鍾愛的是他那早夭的女兒，蘇菲，而非安娜。蘇菲病死後，安娜取而代之。佛洛伊德分析安娜所得到的素材亦是他對女性性心理發展的重要臨床資料之一。我們現在來看，不免要懷疑這資料是否足以代表一般女性的發展，畢竟安娜在佛洛伊德家裡的女性成長經驗必然與其他女子非常不同。

我們也知道佛洛伊德對他母親的愛戀，以及他母親如何看重他，他常說他母親的看重是他後來成功的重要因素。他的母親偏愛他，並相信她這個兒子有一天會功成名就，此種來自母親全心全意的相信，確實是「天才」之所以成功的關鍵。多年前出版的《創造力：當代理論與議題》（*Creativity: Theroies and Themes: Research, Development, and Practice*）一書，以及近來暢銷的《異數：超凡與平凡的界線在哪裡？》（*Outliers: The story of success*，麥爾坎・葛拉威爾〔Gladwell, M.〕著）皆指出此種來自父母的正向投射所帶來關鍵影響。而佛洛伊德於一八九七年頓悟的「伊底帕斯情結」亦源自於反省自己愛戀母親及貶抑父親及想取而代之的幻想。這個個人頓悟日後成了精神分析的基石。成年後的佛洛伊德墜入情網，他給情人艾瑪寫了四年的情書，信裡充滿熱烈纏綿的情話與對愛人如何維持身體健康的指導，他甚至定期給艾瑪寄古科鹼（cocaine），說是對她的身體有助益。結婚後的佛洛伊德不僅擁有了艾瑪為妻，還有艾瑪一位未婚的姊妹住在同一個屋簷下，成為他對談的知己。這些在佛洛伊德的個人生命裡不可或缺的重要女人究竟給予佛洛伊德什麼樣的個人經驗，使得他在其理論中一再強調女人一輩子都在克服「自己缺乏某種重要東西」的情結？

當然，在思考這個議題時，不能不檢視十九世紀的中歐文化。對佛洛伊德而言，他身邊的女性，包括他的女病人，確實在行為表現及心理狀態反映著「自己缺乏某種缺之不可之物」。而這樣的行為表現及人生抉擇究竟是在因應「缺乏」，還是其實是在因應「文化」，恐怕正是女性主義者對佛洛伊德開戰的主要原因。女人表現得好像自己少了什麼重要的東西的樣子，可能不是因為她沒有陰莖，而是在回應社會結構對她的剝奪，剝奪其受教育的機會、成功的機會、發揮其智力及潛力的機會、滿足其情慾的機會。而佛洛伊德一再強調的「女人深受嫉妒所苦乃源自於陽具欽羨」可能是「女人深受嫉妒所苦乃源自於社會結構給予男人更多自由與機會」。社會文化對陽具之重要性所做的精神投資也強化了陽具的重要性。或許，本來就沒有那麼重要。也沒有那麼不同。

不過，需要強調的是，佛洛伊德一心一意想探究的是生理結構的不同會對心智或精神發展造成什麼影響，他堅持：

> 畢竟，兩性之間的生理差異必然會對心理發展有所影響。
>
> After all, the anatomical distinction （between the sexes） must express itself in psychical consequences. （Freud, 1933, The Introduction of Psychoanalysis, p. 124）

這也是為什麼他強調，他只從性功能發展來談女性特質的演變，這個角度無法含蓋女性發展的其他面向。我們大概也不能否認，生殖器官的不同給第一次意識到此種不同的小孩所造成的心理衝擊。至於這樣的心理衝擊究竟是一時的，還是永遠的，究竟對個體未來的情緒、智性及關係發展有多大的影響，恐怕是見人見智——不同的理論會有不同的強調。

寫於二〇一〇年十一月底

附註

4 *New Introductory Lectures on Psycho-analysis*, S.E. 22, page. 113.

輯三　精神分析師也是人

愛在精神分析診療室

我對精神分析愛恨交織的情感有其更原初的根源：在分析關係裡，我希望被愛，甚至只是被原原本本地當作病人一樣地愛著；然而就像許多診療室裡的病人一樣，我不認為我得到足夠的愛。[1]

——彼得・海勒（Peter Heller），《安娜・佛洛伊德的兒童分析》（*A Child Analysis with Anna Freud*）

診療室裡的「愛」很早就成了燙手的山芋。

一八八〇年，布魯爾對安娜・歐（Anna O.，本名柏沙・帕芃罕〔Bertha Pappenheim」）的關注讓他天天去探望這個年輕聰慧、才二十一歲的女病人，他的妻子理所當然醋意十足地懷疑起丈夫的動機。布魯爾不以為意，自信滿滿地認為他的殷勤探望不過是出於醫師對病人的關心與責任感，當然還有他正在實驗的新治療法（安娜・歐稱之為 Talking cure）所帶來的興奮與刺激；直到安娜・歐告訴他，她已經懷了他的小孩，並宣告：「布魯爾醫師的寶寶就要誕生了！（Dr. Breuer's baby is coming!）」

安娜・歐當然並沒有懷孕，但她相信她真的已經懷孕。根據恩內斯特・瓊斯（Ernest Johns）的版本，布魯爾聽到安娜・歐如此宣稱，當場拔腿就跑，而且再也沒有回來見他的病人。回到家後，他立刻收拾行李，告訴他的妻，他要帶她去二度蜜月。他的妻在這二度蜜月時懷了孕，九個月後生了一個女兒。當更多史料出土後，這段公案得以澄清。其實當布魯爾與安娜・歐還在治療中時，布魯爾太太就已經懷孕了，安娜・歐從頭到尾都知道這每天來看她的醫師有個太太，且這個醫師娘已懷了孕。就在布魯爾喜獲新生兒時，安娜・歐向他宣告自己也身懷六甲。

布魯爾被安娜・歐的告白嚇壞了，許久許久不願意再談起這段往事。是佛洛伊德，因為深切地知道這段實驗性心理治療的重要性，一再催逼布魯爾好好善用所做的詳細治療紀錄。《歇斯底里研究》（*Studies on Hysteria*）於一八九五年出版了，但布魯爾和佛洛伊德再也沒有看彼此一眼；布魯爾好像從頭到尾都覺得他是被迫和佛洛伊德合寫這本書。布魯爾被安娜．歐的「移情愛」完全地打敗，從來沒有從情緒上的震驚裡復元；他不想再提這件令他痛苦的往事，書寫並沒能治癒他的創傷。佛洛伊德則從這段「別人慘痛的教訓」展開他「精神分析之父」的偉大旅程。

病人愛上治療師是無法避免的命運

一九二五年，佛洛伊德在其自傳裡提到，他也曾經有過差一點就淪陷在女病人的移情愛中的經驗，幸運地是，這段經歷有驚無險。為了處理女病人無法自拔地愛上全心全意傾聽的心理治療師，佛洛伊德一再強調治療師的中立態度。一朝被蛇咬，雖然是別人被咬，草繩也自然而然地很容易被誤當作蛇。佛洛伊德不斷告誡他的追隨者，不要以為病人愛上自己是因為自己貌似潘安，才智過人；病人會愛上治療師是無法避免的命運，治療師要維持清楚的腦袋，中立的立場，小心自己的反移情。

因為害怕重蹈覆轍，於是矯往過正。這無可厚非，但多年後也就形成分析師冷漠淡然的專業面具。談分析師對病人的愛，成了自曝不專業，於是談技巧，談如何詮釋，談如何深入病人的潛意識。

然而打從一開始，就有人認為分析師對病人的愛才是治療的關鍵，或者說，分析師與病人建立的關係才是使人復元的主要因素。費倫齊（Sándor Ferenczi）一直如此堅信。在那一切都在萌芽的階段，費倫齊有許多自己的想法及創意。他不同意佛洛伊德的中立論或空白銀幕論（而我們知道佛洛伊德早期也與他的病人吃飯散步），費倫齊認為許多病人的精神官能症實在是源自於童年沒有得到足夠的愛，基於於此立論，費倫齊認為要治癒病人的最佳方法是「提供足夠的愛」，他認為分析師無條件的同理是心理治療的必要條件（Ferenczi, 1923）。問題是，分析師應該如何表達他的愛與同理？費倫齊強調在態度上，分析師必須尊重病人乃是與分析師對等的個體，在技巧上，費倫齊會清楚地讓病人知道分析師對他／她的關愛，需要時費倫齊更會擁抱、親吻病人。許多分析師對這些前衛的想法和做法不以為然，批評費倫齊太極端，佛洛伊德曾直接了當地警告費倫齊，這種所謂的「主動技巧」（Active

Techniques）很危險，他指出分析師太過「和藹可親」會導致病人將分析躺椅當作避難所，精神分析很可能變成協助病人逃避現實的工具。佛洛姆（1935）則認為費倫齊是一九二〇及三〇年代真正瞭解治療關係之重要性的少數分析師之一，只可惜他死得太早，而活著時太在意佛洛伊德對他的看法，以致於在專業上，一直處於不知如何是好的衝突裡。

費倫齊與克萊恩

在布達佩斯執業的費倫齊是克萊恩的分析師（從一九一八年至一九一九年），他非常關心克萊恩的專業發展，鼓勵她開始分析兒童。在費倫齊看來，精神分析對真實世界的嬰兒和小孩知道得太少，而這個領域可以開拓的空間非常大。他的看法非常準確，兒童分析後來確實成為一塊有別於成人分析的專業領域，而克萊恩因著他的鼓勵及個人的興趣成為兒童精神分析的重要開創者之一。晚年的克萊恩在自傳中提到對費倫齊的感激，強調她與他之間的正向移情／反移情關係如何強化了她的自信，以及他的關愛如何激發她的潛力。然而，她也批評費倫齊忽略負向移情的影響，以致於病人沒有辦法處理她對分析師的敵意，長久下來，關係便有了缺憾。費倫齊與克萊恩的關係後來確實是比較像是「想成全學生天賦的老師」與「天資聰穎的學生」，而不像是分析師與病人。

一九一九年底，克萊恩決定搬到柏林，一九二〇年她帶著孩子在柏林落腳，並漸漸與亞伯拉罕（Karl Abraham）靠近。她於一九一八年於柏林參加精神分析年會時認識了亞伯拉罕，見識了他的過人才智。雖然有傳聞說是費倫齊因為關心她的前途而將她轉介給亞伯拉罕，文獻資料支持的卻是她決定要離開費倫齊，投靠柏林精神分析學會。她與費倫齊的分析因著她搬離布達佩斯而告終。

亞伯拉罕是佛洛伊德「七人委員會」（The Committee of the Seven Rings，翻成「七劍客」搞不好還比較貼切）成員之一，在精神分析學會的地位非常穩固，是佛洛伊德忠實的跟隨者。他對佛洛伊德非常重要，因為他是第一個執精神分析之業的德國醫師，也是柏林精神分析學會及學院的創立者（一九一〇年創立）。一九二〇年，亞伯拉罕找到了個大金主，艾丁格（Max Eitingon），設立了第一個精神分析治療中心。他出色的外交手腕及絕對的自信，使他同時能獨立發展其精神分析理論，而不冒犯佛洛伊德。他與佛洛伊德的友誼也避開了「朋友變敵人」或「朋友變陌生人」的命運，可見其人格之成熟穩定。更令人佩服的是，亞伯拉罕是第一個提出分析師除非自己接受分析，否則便不該執業的分析師；歷史證明，他果然具有洞見。克萊恩在柏林參加學會活動，也發表了她第一篇文章。亞伯拉罕非常欣賞她的聰明才智，還向佛洛伊德提起她時說了句：「she is very good.」

克萊恩於一九二三年向亞伯拉罕提出想接受他的分析的請求。亞伯拉罕拒絕了，因為他已經看多了，也經驗多了此種「多重關係」帶來的麻煩，他甚至給自己立了個規矩，絕不分析同在柏林工作的同業。克萊恩沒有死心，再接再勵，亞伯拉罕這回接受了，於是克萊恩於一九二四年初開始接受亞伯拉罕的分析。閱讀克萊恩，讀者很容易發現她與佛洛伊德及亞伯拉罕一脈相承的思路。在理論發展上，亞伯拉罕對克萊恩的影響大過費倫齊。他同時也提供克萊恩安全保護網，保障了非醫學院出身的克萊恩在柏林精神分析學會有一席之地。可惜，他死得更早，一九二五年底就因癌症去世，死時才四十八歲。當時克萊恩四十三。他對克萊恩的愛護雖不似費倫齊那麼外放，卻不亞於費倫齊，他的成熟內斂反倒對克萊恩的專業發展有更長遠的影響。

真正重要的，是「愛」

究竟什麼樣的行徑才是愛或關愛？費倫齊對其受分析者的熱情建議及指導是一種形式，堅守專業倫理界線是另外一種形式。一百多年來，精神分析已有太多因為分析師以「愛」為名，跨越界線而造成的悲慘故事，歷史已經清楚顯示什麼樣的行為舉止態度才是診療室裡應該有的愛。診療室，分析師堅持守住界線是對病人最基本的關愛。克萊恩就很「愛」她的病人。

閱讀克萊恩的《兒童分析的故事》（*Narrative of a Child Analysis*），讀者很難不討厭這個嘮嘮叨叨一再重覆某些主題的分析師。讀者也很難不同情她那小病人理查（Richard），並升起「真不知道他聽不聽得懂K太太那些繁複難懂的概念」的想法。但眼尖的人應該會看見K太太和理查之間非語言的親密及溫柔。克萊恩寫在紀錄裡的詮釋有其政治任務，在她與安娜·佛洛伊德爭奪誰才是精神分析真正傳人的時代，她必須讓人看見她的立場，她必須清楚標示她的品牌，她的書寫與出版對抗著真實的敵人。

八〇年代，梅爾徹（克萊恩學派分析師）批評克萊恩只把焦點放在詮釋，而忽略了她與理查的「關係」才是重點。梅爾徹說得沒錯，克萊恩確實對她與病人的關係隻字不提。但，那個年頭（一九三〇／四〇年代），根本不會有人提，其中當然有害怕被同事們嘲笑的憂慮。梅爾徹說（1988）：「我認為機構化了的精神分析製造了某種有害的氛圍，使我們不敢放膽談論移情及反移情中的愛，因為我們害怕自己顯得多愁善感，害怕自己與病人共謀，用愛來掩蓋了情慾移情裡的攻擊。」[2]

然而，梅爾徹其實誤會了克萊恩。埋首於克萊恩檔案的史匹利爾斯（Spillius）發現了一個不為人知的克萊恩，溫柔親切，對病人有很深的關愛及同情。克萊恩甚至曾經埋怨為什麼她的跟隨者的論文全只在談攻擊，難道他們不知道，重點不是「攻擊」，重點是「愛」，只有愛才能真正修飾「恨」啊（"It's love that modifies hate"）！克萊恩全集裡，有一本就叫作《愛、罪疚與修復》（*Love, Guilt and Reparation and other works*, 1921-1945），但比起她談攻擊及嫉羨的文章，「愛」這個主題顯得孤單許多。而不少分析師則因為太過強調「愛」，而忽略了病人對分析師的情慾渴望中其實有著極深的敵意，即痛恨分析師這個比他／她高一階的角色，而一心想把分析師從分析椅上拉下來——藉由勾引治療師將其反移情愛行動化，病人便證明他與分析師其實位階同等。移情愛並不是愛，不是克萊恩所談的愛，也不是彼得・海勒（Peter Heller）所渴望的愛。有意思的是，在倫敦修習精神分析多年，我發現，那些非常強調人性中各種「搞破壞」、「挖牆角」等毀滅性慾力的分析師們往往是那些在診療室裡非常關愛病人的分析師；而那些不斷談論著「大愛」的分析師則往往有著和榮格一樣的問題。

無論時代如何向前推移，世界如何不同，「精神分析診療室裡的愛」從未脫離其「兩刃之劍」的特質，這個主題很難談，尤其很難在學術研討會之類的場合談，便別提把它談清楚。

參考文獻

Ferenczi, S.（1928）. The problem of the termination of the analysis. In: Final contributions to the problems and methods of psycho-analysis: 77-87.

Freud, （1925）. An Autobiographical Study. S.E. vol. XX. London: Vintage.

Fromm, E. （1935）. The Social Determinants of Psychoanalytic Therapy. International Forum of Psychoanalysis, 2000; v.9 （3-4）, p.149.

Grosskurth, P. （1986） Melanie Klein: her world and her work. London: Jason Aronson

Gay, P. （1988） Freud: A Life for our Time. London: Papermac.

Gay, P. （1989）. The Freud Reader. New York: W. W. Norton & Company.

Meltzer, D. （1988） Apprehension of beauty. London: Clunie Press.

Spillius, E. （2007）. Encounters with Melanie Klein: Selected papers of Elizabeth Spillius. London: Routledge.

附註

1 原文為："My ambivalence toward analysis has a still more primitive root as well: In analysis I wanted to be loved, and even loved precisely as a patient; and like so many patients, I did not think I was loved enough."

2 "It is my distinct impression that this poisoned atmosphere of institutionalized psychoanalysis has bred a certain shyness about speaking of love in the transference and counter-transference, for fear of appearing sentimental or of colluding in the covert aggression of the erotic transference." (24-5)

當東方遇見西方

初次與茱莉葉・霍普金斯（Juliet Hopkins）相識是在狄莉絲家裡。

二〇〇四年六月的某個星期天，狄莉絲與艾瑞克在家裡辦了一個餐會，邀請左鄰右舍來家裡吃飯聊天。而我正巧在前兩天和狄莉絲見面，為著幾天後的面試緊張焦慮得不知如何是好。狄莉絲聽著我的心情，四兩撥千金地減輕了我心裡的重擔。這是我最佩服狄莉絲之處，她總是能將她豐富的人生經驗及智慧化為簡單動人的話語，讓人破涕為笑，許多卡在胸口的鬱悶便隨著她對人生困境的幽默詮釋得到釋放。艾瑞克常說狄莉絲非常 witty，我十分同意。Witty 是一種快節奏的幽默，幽人生的默，於是許多用第一人稱經驗到的「不能」可以變成有距離的觀察對象，不必成為阻礙成長的絆腳石。

狄莉絲說，星期天來家裡吃飯吧，她辦了個餐會，來的人都是同一條街的鄰居好友。就在這個餐會上，狄莉絲介紹了她的好朋友茱莉葉給我認識。而就在廚房的餐桌旁，茱莉葉告訴我她曾在香港住過兩年，也曾到日本講學。於是文化成了那天交談的主題。我當時剛剛寫完我的論文，談的是華人文化裡的育嬰哲學及實踐，文中引述了人類學及跨文化研究，然後詳細地呈現我在倫敦觀察了兩年的華人嬰兒及她與母親之間的互動，以此為例談東西方不同的教養態度及實踐如何塑造嬰孩不同的內在人際距離。茱莉葉對這個主題非常感興趣，提到她讀過的一本書《印度與日本文化中的自我》（*In search of self in India and Japan: Toward a cross-cultural psychology*）[3]。我笑著說我讀了這本書，而且是她介紹的。她看著我，不明白。我說我寫論文時與她寫的一篇文章不期而遇，從她的文章裡意外地得知艾倫．羅蘭（Alan Roland）這本了不起的好書。茱莉葉的這篇文章叫作〈太好的媽媽會造成的危險及剝奪〉（The dangers and deprivations of too-good mothering）[4]，談的是當作母親的完全預知孩子的需要，且在孩子表達需要前就滿足他，會如何阻礙成長。文章裡的"too good mothering" 意在反照出溫尼考特提出的"good enough mother"。

東西方教養的差異

溫尼考特一再強調世界上沒有完美的母親，母親只要「夠好」就好了。茱莉葉注意到有些母親「太好了」，好到孩子不需要表達所欲所求或所缺乏，母親像三百六十度雷達站一樣比孩子還早知覺到他的需要，並且預先準備好孩子所需要的。這個描述是不是聽起來很熟悉？沒錯，華人文化普遍存在著這類「太好、太敏銳、全知」的母親。茱莉葉在她的文章裡並沒有一面倒地指責這類母親，她指出所觀察到的白人家庭裡的這類母親如何阻礙孩子的成長，但留了空間給不同文化裡，這類母親及其子女之互動可能代表的文化意義。這時，她特別提到羅蘭的這本書。

羅蘭是個美國精神分析師，在得到一筆獎助金後到印度待了八個月，然後到日本待了兩、三個月。待在異國的這段時間，他教授精神分析，督導心理治療師，並且分析印度及日本人。這一年的異國經驗給他極大的震撼。診療室裡與受分析者的親密互動讓他觀察到非常不同於美國人的內在心智世界。在一個強調人與人互相依賴，個人空間非常窄小的文化裡，個人內在的心理衝突來自於如何平衡及協調各種侵入個人心靈空間的聲音，而成長的目標不是成為一個獨立自主的個體，而是成為一個能在稠密的人我關係裡找到平衡點的人，這種能力即中國人所謂的「圓融」。

茱莉葉非常清楚此種文化差異。她告訴我，當年她香港時生了第二胎。家裡請的廣東藉姆媽見她把嬰兒放在另外一個房間單獨睡，非常氣憤。姆媽威脅她，若是她不把嬰兒帶到她與先生的臥房睡，她就辭工不幹了！對這個姆媽而言，把嬰兒丟到另一個房間去睡根本就是一種虐待嬰兒的行徑。然而，在英國中產階級家裡，把嬰兒留在夫妻臥房裡睡則代表著父母親無能將嬰兒視為一獨立存在的個體，它可能意味著這對夫妻有未解決的分離焦慮，甚至可能意味著夫妻關係出了問題。而讓嬰兒睡在父母的雙人床上，更會讓較傳統的精神分析師有許多不太好聽的話可說。

這就是我與茱莉葉第一次見面時聊的話題，聊得欲罷不能。這個欲罷不能使我們成了忘年之交。後來，我把完成的論文寄了一份給她，她讀過後深表同感，告訴我，我確實找到了東西方育嬰實務裡最重要的差異，亦即面對相同的人生處境——獨立與依賴、自主與親密，不同文化如何要求它的下一代往哪一邊靠攏。

好離我爸媽遠一點！

我與茱莉葉的友誼在這之後繼續著。後來，我道聽塗說，得知約翰・鮑爾比是茱莉葉的舅舅，於是便找了機會問她有個名人當舅舅是什麼感覺。她說，還好約翰・鮑爾比是她舅舅，所以她並不與他同姓，於是並不是很多人知道她與這位發展出「依附理論」的偉人有血緣關係。當然她也就沒有因這個名人舅舅而有太多壓力。約翰・鮑爾比於五〇年代在塔維斯托克的研究中心擔任主任，二十一歲剛從劍橋心理系畢業的茱莉葉不知道下一步該往哪走時，鮑爾比說服她到他的研究中心來學習做研究。不過，鮑爾比建議她先修個臨床心理學碩士，才會對要研究什麼有足夠的瞭解。不幸的是，這臨床課一修，茱莉葉發現了她的所愛，畢業後就離開英國到美國耶魯大學的兒童心智中心進修。

為什麼是美國呢？在英國也一樣可以更深入地學習兒童心理學啊。這是我的疑問。茱莉葉則有個非常簡單的答案，她希望離家遠一點，離開父母及家族長輩的不論是重要或不重要、正向或負向的影響。原來，她在劍橋心理系唸書時，系主任是她父親的好友；之後修習臨床心理學又受舅舅的照管，這樣的環境應該是很令人喘不過氣來的。這讓我想起同班同學塞巴斯提安。他的父親及母親都是英國精神分析學院訓練出來的分析師，在塞巴斯提安決定要走同一條路時，他跑到義大利去修嬰兒觀察課程，當我問他為什麼跑那麼遠去學嬰兒觀察，他毫不猶豫地說，「好離我爸媽遠一點！」這即是東西方親子關係不同之處的好例子。茱莉葉與塞巴斯提安為了追求獨立自主而離開家、離開父母，而他們的父母親不會阻止這樣的自我追求。華人子女則很多是被父母送到遠方求學，離開家的原因非常不同，追求自我成功的背後乃在榮耀父母。情況比較糟的，我與好友嚴明都目睹過，被送出來的孩子其實並不想出來，於是成天打混睡覺，連我在塔維斯托克的華人同事法蘭西斯・李（Frances Lee）都看不下去。法蘭西斯是教育心理學家（educational psychologist），常受人之託到私立學校去看一下某個可能有學習障礙的華人學生。很多時候，法蘭西斯發現，這些小孩或青少年或大學生其實沒有學習障礙，而是沒有學習動機。他們的父母撒錢讓他們進了昂貴的私立學校後，以為再撒一點錢就可以讓他們畢業。遇見這種事總讓法蘭西斯非常氣憤。

茱莉葉在香港的那兩年，一九六六年到一九六八年，她的香港同事，香港心理衛生學會的醫師及學者們告訴茱莉葉，華人社會沒有「自慰」（Masturbation）的現象，「自慰」只存在於西方社會，但他們很想瞭解這個西方社會才有的現象，於是請茱莉葉發表了一篇關於「自慰」的演講，演講摘要登在一九六九年三月出版的《香港心理衛生會通訊》。茱莉葉的香港同事還告訴她，華人社會沒有「同性戀」，這也是西方社會才會發展出來的奇怪現象。茱莉葉後來才知道，中國歷史上有個有「斷袖之癖」的皇帝，而街頭男同性戀性行為早於十六世紀即被到中國的西方人記載於家書中（參見《大汗之國：西方眼中的中國》，*The Chan's Great Continent: China in West Minds*，史景遷〔Jonathan Spence〕著）。看來她的華人同事真是「睜眼說瞎話」。

「睜著眼睛說瞎話」一直是人類天性，因為學習看見並接受真相、進而思考真相，是很痛苦的過程，需要有足夠涵容羞愧、困惑的能力，需要心靈的成熟。盲目則容易得多。

寫於二〇〇八年七月二十五日

附註

3 本書作者是艾倫・羅蘭（Alan Roland），書出版於一九八八年，出版社是 Princeton, NJ: Princeton University Press。

4 文章刊於 1996 年的 Journal of Cild Psychotherapy V. 22, no. 3, p.407-422.

歇斯底里：性與死亡

性與死亡是歇斯底里病症兩個不可分割的特徵，兩者糾結成一種「病態組織」。

In hysteria, sex and death are characteristically conjoined in what I would see as a 'pathological organization'（Steiner, 1987）

——雷・布萊頓（Ron. Britton, 2005），
《安娜・歐：重訪精神分析第一個病人》
（*Anna O: The First Case, Revisited and Revised*）

以治療「歇斯底里」起家的精神分析在發展了一百餘年之後，漸漸地不再談「歇斯底里」，彷彿「歇斯底里」是某特殊時代及文化背景的產物，而人類文明發展至今，已失去了形塑「歇斯底里」的文化土壤。一九七三年，國際精神分析研討會（The International Congress of Psychoanalysis）有一場專門探討歇斯底里的座談會（Laplanche, 1973; Kohon, 1999）。會眾問：「歇斯底里只存於過去嗎？」分析師們答，歇斯底里已經消失，可能的原因包括性解放、女人不再「純真」、理想女性的形象已改變、社會對性的接納，等等。科宏（Kohon, 1999）認為這些觀點將精神分析性學理論過度簡化，將精神官能衝突（neurotic conflict）想成是當下針對「性」的衝突。此種觀點背離了佛洛伊德學派強調的「性心理學」（Psychosexuality），把它變成了「性器學」（genitality）。佛洛伊德早在《論愛中普遍的貶值傾向》（*On the universal tendency to debasement in the sphere of love*, 1912，暫譯）一文中提到，人類的「性」有其獨特的本質，「壓抑」（prohibition）似乎是其特性，文化及社會對性的壓抑並不是因，而是果。人類對性的不滿足並不會因為性開放而得到滿足，因為人類的性本能（sexual instinct）本來就不在追求「完全的滿足」。

五〇年代以降，則有許多學者主張，這些早期的歇斯底里病例其實是「邊緣型人格」病患（borderline patients）（Robbins, 1956; Stone, 1954；引自 Britton, 2003）。布萊頓（Britton）則認為這是兩類完全不相同的病人，兩者在精神分析診療室裡所呈現的樣貌非常不一樣。法國精神分析師安德雷・格林（André Green, 1997）及英國精神分析師保萊斯（Bollas, 2000）與科宏（1999）早布萊頓提出這樣的看法，他們認為將「歇斯底里」納入「邊緣型人格」非常不恰當。因為兩者相去甚遠，其差異之處，可以從病人在診療室裡與分析師建立起來的「移情—反移情」關係看出。這幾位當代極具影響力的精神分析師皆強調，「歇斯底里」不是精神分析發明出來的，也未曾因為精神分析師們日後轉移了焦點而消失。

危險的移情

要談精神分析與歇斯底里，得從安娜・歐談起，就像佛洛伊德於一九〇九年受邀於美國克拉克大學發表〈精神分析之起源與發展〉時得從安娜・歐與布魯爾開始談起一樣。佛洛伊德清楚地於講演中陳明，精神分析誕生於布魯爾手中，他是第一個開始使用精神分析技巧的醫師，治療的是患有歇斯底里病症的安娜．歐。那是一八八〇至一八八二年之間的事，當時的佛洛伊德剛剛完成醫學訓練，正在準備最後的考試，完全沒有參與這段劃時代的實驗。

一八九五年，以安娜．歐為主角的《歇斯底里研究》出版，一九一二年，佛洛伊德撰寫精神分析技巧系列時，寫了一篇〈移情動力〉（The Dynamic of Transference），談的是情慾移情。此乃佛洛伊德於歇斯底里病患身上發現的重要現象，也是後來精神分析理論立基的主要骨幹。有趣的是，三年後，佛洛伊德又以專文再談情慾移情。布萊頓認為，這兩篇文章之間藏了另外一個被人遺忘的重要歇斯底里病患，莎賓娜．史賓萊恩（Sabina Spielrein）。布萊頓的猜測是，佛洛伊德專文再談情慾移情乃是因為他知道榮格與史賓萊恩之間的情事，決定再將這個重要的且影響深遠的現象再談得更清楚一點。

一九〇四年，家住蘇聯黑海邊的頓河畔羅斯托夫（Rostov-on-Don）的史賓萊恩被她的父母親送到當時最富盛名的精神醫學教學醫院——蘇黎士的伯戈爾茨利醫院（Burghölzli Clinic）就診。她當時十九歲，患有歇斯底里，住進醫院後，成了榮格的病人。榮格當時年長她十歲，剛結婚，剛讀了佛洛伊德的《夢的解析》，非常震撼，於是充滿熱情地把佛洛伊德的治療法用在史賓萊恩身上。同時，他也在發展自己的理論和技巧，像是「字義聯想測驗」。兩年後，一九〇六年，榮格開始與佛洛伊德通信。當年十月二十三日，他在給佛洛伊德的信裡提到他正在治療的「蘇聯女學生」，是個「棘手的案例」。

史賓萊恩確實是個棘手的病人。她從小多愁善感，深信自己有陰陽眼，能看見陰間之事，且認為自己有能力與神鬼交談。這一點倒是與榮格相同。榮格於其自傳裡提到自己小時候能看見列祖列宗，且喜與他們交談。溫尼考特在評論榮格的自傳時說，榮格是個活生生從童年精神病症（Childhood Psychoses）中自癒的案例。至於史賓萊恩，她則從四歲就出現嚴重歇斯底里症狀。她與其父母的關係與安娜·歐有極其相似之處。史賓萊恩看不起她母親，對父親十分崇拜。她父親深信「孩子不打不成器」，史賓萊恩和她弟弟都挨了不少打。在榮格所寫的病歷裡，我們知道史賓萊恩對於挨打有變態的反應。不管是自己挨打或是看弟弟挨打，都讓史賓萊恩非常興奮，興奮的時候，她便自慰。史賓萊恩從很小的時候就開始自慰，而且有自慰過度的現象。她非愛戀她的父親，看不起她母親；也曾經愛戀某個叔父到無法自拔，成天胡思亂想的地步。在她的病歷上，榮格註明，「性」的渴望，及「性」慾求的不滿足是史賓萊恩病症的核心。

史賓萊恩開始接受榮格的精神分析治療後，很快就把她過去發作在父親及叔父身上的種種慾求和渴望完成轉移到榮格身上。而她在接受榮格治療時所呈現的情緒狀態及生理癥狀與帕芃罕（安娜・歐的真名）幾乎一模一樣。她們病症的好轉與惡化與醫師的造訪有絕對正相關。於是給人一種錯覺，或說，給布魯爾和榮格一種錯覺，即「事實證明，只有我才能讓她好起來！」事實的確如此，但這事實其實在說明另一個偉大的事實——「情慾移情」。帕芃罕在布魯爾不在時，完全無法接受另外一位醫師的治療，她不吃不喝不睡，甚至發展出厭食症，但當布魯爾休完長假一來探看，使用他獨特的治療法與她談話，找到眼前病症的創傷源，她便不藥而癒。住院的史賓萊恩也發展出一樣的反應，即，只對榮格的治療有反應。病人如此捧場，很容易勾住醫師的「自戀需求」，於是很難看出這樣的好轉並非真的「好轉」，一直要到事情沒法兒收拾，才知道自己已經配合演出了一場戲——布萊頓（2003）在其書中談到歇斯底里病人把應該發生在「想像」（imagination）中的事活生生地在治療關係裡演出來，就像戲本應在戲台上演，但歇斯底里病人沒法兒靜靜地坐在台下看戲、想戲，非得把戲搬到台下自己演不可。

變調的關係

日後，我們知道這種「假性痊癒」就是所謂的「被移情治癒」（transference cure）。所以，病人並沒有真的痊癒。帕芃罕在布魯爾「棄械而逃」之後[5]，病情嚴重惡化，被家人送到精神療養院去住了很長的一段時間。榮格則與史賓萊恩發展出戀情。一九○五年，史賓萊恩離開精神療養院，註冊成了醫學院的學生，開始她的專業訓練，同時持續接受榮格的分析。她與榮格的關係急速加溫。史賓萊恩寫給母親的家書滿是她對榮格的愛戀，以及他的造訪帶給她的興奮。榮格顯然也對他的女病人有了「情慾反移情」（neurotic counter-transference），他們的關係漸漸從「分析師與病人」變成了「戀人」。一九○八年五月，當史賓萊恩通過醫師考試，從醫學院畢業，榮格與她的關係便完全變了調。榮格開始表達他對她的愛意，並安排祕密約會。這段戀情被史賓萊恩的母親知道了，也許榮格的太太也開始起了疑心，而祕密約會亦變得非常難以掩人耳目，一九〇九年，榮格發現這段婚外情有可能紙包不住火，甚至很可能傷害他聲譽及他的事業，便斷然地與史賓萊恩分手，並寫信告訴佛洛伊德這件事，徵求他的意見。於是，我們才會知道佛洛伊德自己也好幾次差點淪陷於女病人的情慾移情中（參見他回給榮格的信，一九〇九年六月）。但是，榮格並沒有把真相全盤托出。他在給佛洛伊德的信裡完全沒提自己如何主動「規畫」這段婚外情，而是把自己完全描繪成「受害者」。

安娜．歐在治療的最後發展出假孕，相信自己已經懷了布魯爾的小孩。史賓萊恩與榮格則共同創造了一個「想像中的小孩」，並相約要一起「養育」這個小孩。這小孩甚至還有個名字，叫齊格弗里德（Siegfried）。這段戀情結束後，史賓萊恩於一九一一年十月離開蘇黎士，前往維也納，見到了佛洛伊德。當時她已經是執業的精神科醫師，她來到維也納是為了加入佛洛伊德主導的精神分析學會。同年十一月她在學會裡發表了一篇論文，提出愛及情慾裡所隱含的「毀滅性本能」。佛洛伊德於其一九二〇年的文章〈享樂原則之外〉裡特別註明，史賓萊恩是第一個提出毀滅性本能的精神分析師，而他則是受到她的啟發而開始發展「死之本能」的概念。

在這篇論文裡，史賓萊恩以匿名的方式，談她個人的經歷及感情。她描述那種想與所愛之人融合於死亡裡的渴望，那愛情在毀滅中永恆的幻想。佛洛伊德認為這篇文章太過個人，太強烈，看得出來史賓萊恩還在她自己所描述的困境中掙扎。但是，佛洛伊德看得出這篇文章的重要價值，他雖然不同意史賓萊恩的觀點，但她的文章卻是他思考「死之本能」的序曲。

參考文獻

Balloas, C.（2000）. Hysteria. London: Routledge.

Britton, R.（2003）. Sex, Death, and the Superego: Experiences in Psychoanalysis. London: Karnac.

Britton, R.（2005）. Anna O: The First Case, Revisited and Revised. In *Freud: A Modern Reader*, edited by Perelberg. London: Whurr Publishers.

Covington, C. & Wharton, B.（edited）（2003）. Sabina Spielrein: Forgotten Pioneer of Psychoanalysis. London: Brunner-Routledge.

Freud, S.（1912）. The Dynamic of Transference. S.E. 12. London: The Hogarth Press and the Institute of Psycho-Analysis.

Freud, S.（1915）. Observation of Transference Love. S.E.

Kohon, G.（1999）. No lost certainties to be recovered. London: Karnac.

Robbins, L. L.（1956）. The borderline case: A symposium. Journal of the American Psychoanalytical Association, 4: 550.

Stone, L.（1954）. The widening scope of indications fro psychoanalysis. Journal of the American Psychoanalytical Association, 2: 567.

附註

5 參見前文〈愛在精神分析診療室〉。

壞人

每個專業裡都有濫用職權的壞人，位高權重而不濫用職權者，謂之君子；而君子，不多。中國人說，「靠山吃山，靠水吃水」，家族裡若有個人居高位或賺大錢，便很難不靠著吃一點特權、吃一點錢。此乃人之常情，若能抗拒這樣的誘惑而不走入偏途，需要很清醒的腦袋與很好的品德。而這年頭，「品德」並不是流行的商品。

分析師也瘋狂

精神分析專業裡，也有「壞人」坐在治療師椅上，濫用醫病關係，來滿足個人的心理需求或病態。有趣的是，精神分析專業裡的治療師或分析師若變成壞人，通常其行徑會更像狂人或精神病得很嚴重的人，也就是說，是心理問題，而比較不是品德的問題。我對品德好及專業能力一流的分析師十分敬仰，對其著作好學不倦；對於狂人分析師的瘋子行徑，則有一種「追根究柢」之精神，這精神有可能只是一種「八卦精神」，源自於人之好論人長短及探看隱私；對於精神分析殿堂裡的家醜，我聽得傳聞，便非得弄清楚不可。這當中應該也還隱含著一點「科學精神」，因為不能忍受「八卦」裡的不清不楚與人為演繹，「八卦」總給人「離譜得過份」的感覺。而我，非得查個水落石出，不然會覺得很對不起所聽到的「很刺激的八卦」。

就在最近，我聽聞一個已經作古的「瘋子分析師」。此人名叫瑪殊．汗（Masud Khan）。在我知道他是個「瘋子」之前，我以為他是個「遺珠」——我的「精神分析名人錄」裡的遺珠。我的個人「精神分析師名人錄」裡有許多遺珠，主要是因為個人所學有限，所知不豐。再加上精神分析訓練課程裡偏愛某些「功成名就」的分析師，於是有名的更有名，重要卻沒有被放在書單裡的精神分析師們也就不會在學習精神分析者的心中留下任何痕跡。

我在閱讀科宏的《確據從未存在》（*No lost certainty to be recover*，暫譯）一書時，認識他一再引述的一位法國分析師，彭大歷斯（J.-B. Pontalis）。這個名字其實並不陌生，他與拉普朗虛（Laplanche）合編的《精神分析辭彙》（*The Language of Psychoanalysis*）是每個分析師書架上的必備工具書。中文版也早在西元二〇〇〇年時由行人出版社出版。但我對精神分析師彭大歷斯的思想及論述則十分陌生。科宏在其書中引述最多的是彭大歷斯所著《精神分析前線：夢與精神受的苦之間》（*Frontiers in Psychoanalysis: Between the Dream and Psychic Pain*，暫譯）。我在塔維斯托克的圖書館找到英文譯本，書扉頁特別註明瑪殊·汗為此書寫了序。細讀瑪殊·汗的導讀，心裡想的是，能為一代大師彭大歷斯的書寫導讀，此人想必來頭不小，但怎麼從來沒聽人提起過他？瑪殊·汗想必能說多國語言，他在導論中提到英文譯本翻得很好，把彭大歷斯的思想內容精準地表達了，但可惜的是，英文沒能表達彭大歷斯的思路——他是怎麼思考的。由此可見瑪殊·汗懂得法文。我對瑪殊·汗好奇，這個名字看起來非常異地，我想他應該不是英國人。待我於精神分析出版文獻圖書網站一查，發現此人著述甚豐，所寫的文章發表於各主要精神分析期刊。我心想，我真是有眼不識泰山，瑪殊·汗應該是個非常受人敬重的分析師，當時不知道他是已經作古了還是仍活著的。彭大歷斯的書英譯版出版於一九八一年，瑪殊·

汗極有可能還活著。我對於自己不知道這個這麼重要的分析師感到有點不好意思。

有趣的是，幾天後，在參加一場探討治療師／分析師打破專業界線而對病人做出不當舉止的研討會時，第二次看見瑪殊・汗的名字。這個名字出現在講者所發的參考文獻裡一篇由安─瑪麗・山德勒（Ann-Mary Sandler, 2004）所撰寫的〈精神分析對踰越專業界線者的回應：瑪殊・汗一例〉（*Institutional Responses to Boundary Violations: the case of Masud Khan, International Journal of Pyschoanalysis*, Vol, 85）。研討會裡，並沒有細談這篇文章。講者約翰・伍茲（John Woods）同時是兒童與青少年心理治療師，及榮格學派團體分析師，他擔任榮格分析心理學會倫理委員會成員多年，處理過許多受分析者的投訴，信手拈來的案例就說不完了，不需要細看他所列的閱讀文獻。但，我的注意力被山德勒的這篇文章標題吸引，開始想像瑪殊・汗如何克服了其分析師對他的不當舉止，成為一個為人敬重且著作等身的偉大分析師。

事實與我的想像相距比十萬八千里還遠。研討會結束當天，便在圖書館找到山德勒的文章。一口氣讀完後，心涼了一大半，還有一種類似看完恐怖片後會有的驚嚇。原來瑪殊．汗是個「加害者」，他並非如我幻想的，是朵出淤泥而不染的蓮！更令人震驚的是，這段公案還牽涉到溫尼考特，以及當代非常有成就的經濟學家，韋恩．戈德利（Wynne Godley, 1926 -2010）。我循線追根究柢，發掘了一本以瑪殊．汗為研究對象的書，就叫《錯誤的自我：瑪殊．汗的一生》（*False Self: The Life of Masud Khan*，暫譯，琳達．霍普金斯〔Linda Hopkins〕著，二〇〇六年出版）。

持續不停的災難

這精神分析近代史最令人瞠目結舌的醜聞是從一篇發表於二〇〇一年《倫敦書評》（*Lond Review of Books*）的自傳文章開始熱騰騰地蔓延開來。這一年，瑪殊．汗都死了十二年了。這一篇文章發表於英國重要的文學週刊，《倫敦書評》，作者是當代英美重要的經濟學家戈德利。他在文章裡細談了他接受瑪殊．汗分析的個人經驗。在這篇描述個人童年及日後接受瑪殊．汗分析的文章裡，讀者看見一個喪失功能的分析師及一個不知道該怎麼離開瘋子分析師的病人。事情開始於一九五九年，戈德利三十三歲，雖然已結婚且有很好的職業，戈德利個人的精神狀態非常不穩定。

這種不穩定，當然有其歷史源頭，戈德利在其文章裡詳細地描述了他父母的離異，及童年裡父親缺席，母親把當他情人對待所造成的影響。一九五九年，他向一個朋友談到他的精神狀況時，他這個朋友介紹他去見溫尼考特。當時，戈德利完全不知道溫尼考特是英國精神分析學會的會長，是精神分析界的大師。在提供一次諮詢後，溫尼考特把他轉介給瑪殊．汗，當時戈德利不知道，已經是分析師的瑪殊．汗還是溫尼考特的病人。溫尼考特此舉預告了即將發生的悲劇，而這悲劇說的是一個非常古老的故事。

在戈德利的文章中，我們知道瑪殊．汗（1924-1989，巴基斯坦人，家境富裕，一九四六年十月抵英國，二十六歲完成分析師訓練）這位當時在國際間享有盛名的分析師在第一次見戈德利時就破壞了倫理界線，瑪殊．汗告訴戈德利許多私事，包括他即將娶當時非常有名、來自蘇聯的芭蕾名伶貝瑞歐索娃（Svetlana Beriosova, 1932-1998，瑪殊．汗的第二任妻子，他的第一任妻子也是芭蕾名伶），即將會遠行度蜜月，但這沒關係，他們還是可以即刻展開分析，即使分析立刻會有中斷；瑪殊．汗也問及戈德利是否與名雕塑家愛普斯坦（Epstein）有關係（此人正好是戈德利的岳父大人），這個雕塑家是他的朋友。結束面談後，瑪殊．汗主動要送戈德利回家，並在他那百萬名車上拿出一本他寫的詩集送給這個即將接受他分析的病人。接下來的分析簡直像一場災難，而且這場災難持續了七年之久。這段時間，瑪殊．汗送禮物，邀請戈德利吃飯，安排兩家人一起出遊，一起打球，瑪殊．汗把他的病人當朋友一樣交往。這情況愈演愈烈到瘋狂的地步，瑪殊．汗甚至介紹他的一個女病人給戈德利，想當他們的媒人，認為他們兩個人是天造地設的一對。在他做這事時，他的這兩個病人各自有各自的婚姻，而瑪殊．汗還與這個女病人發生性關係。瑪殊．汗也經常在分析中接電話，甚至當場和來電者討論起其他的病人。一九六六年，戈德利在親眼目睹瑪殊．汗與其妻子激烈的爭吵後決定結束他與瑪殊．汗的分析，從此與他的分析師一刀兩斷。有意思的是，瑪殊．汗也是在這一年結束與溫尼考特的分析，而他個人的聲譽也約莫是在這個時候開始向下墜落。

就在瑪殊．汗分析戈德利的這段期間，他還分析許多其他病人。在霍普金斯的書中，她訪談了許多當時接受瑪殊．汗分析的病人，情況多半相似。瑪殊．汗把他的病人當一般朋友一樣地社交著，甚至還穿著睡衣接待他早上七點半的病人，泡咖啡給來分析的病人喝，聊聊天後才開始分析。他的這些怪異舉止早就被當作八卦及餐桌上的話題談著，但從來沒有一個被分析者正式向精神分析學會提出申訴。所有的人都注意到他的不對勁，包括精神分析學會裡的分析師。他的畢業論文提了兩次才通過，他後來想當訓練督導級的分析師，申請了三次都沒通過，最後是溫尼考特動用了他的影響力，才使得學會接受他的申請。

在接受溫尼考特分析的十五年，瑪殊．汗與溫尼考特一起發表文章，協助溫尼考特整理其著作，幫助他出版全集，這些超越分析關係的行為使後人很難將瑪殊．汗怪異的舉止全歸疚於他一人，當然，他前兩任分析師，艾拉．沙佩（Ella Sharpe）與約翰．利克曼德（John Richmond）於分析尚未結束就死於心臟病發，恐怕也是重要的影響因素。瑪殊．汗的第一任分析師於分析開始後九個月突然心臟病發過世，他的第二任分析師則於一九五一年因同樣的原因往生。雖然這樣的經歷一定會對受分析者造成極大的痛苦，但讀者應該會同我一樣，相信溫尼考特有足夠的功力可以協助瑪殊．汗從這樣的創傷中復元。事實顯然不是如此，十五年的分析，瑪殊．汗日後在其書信及日記裡皆提到接受溫尼考特的分析最大的缺憾是，溫尼考特有逃避談論受分析者的攻擊及毀滅慾力的傾向。

誰比較病態

瑪殊．汗受到溫尼考特的青睞其來有自，所有人也都注意到瑪殊．汗過人好幾等的聰明才智，即使是後來恨他入骨的戈德利也承認，瑪殊．汗有種銳利的洞察力，能夠一眼看穿受分析者的內在癥結。艾瑞克森（Eric Erickson）甚至曾說過，瑪殊．汗是精神分析的未來（"The future of psychoanalysis belongs to Khan" 1976.；引自霍普金斯的著作《錯誤的自我：瑪殊．汗的一生》）。分析師一針見血的洞見使得受分析者更加困惑，更無法說服自己，自己的感覺是對的——即分析師的舉止已逾距，因為分析師對其受分析者的洞見會使得受分析者無法判斷他對分析師逾越界線的行為究竟因為是自己病態，抑或是分析師的病態。事實上，六〇年代已有許多精神分析師們很嚴謹地遵守專業倫理及界線，小心地避開與受分析者有任何形式的社交關係，精神分析的歷史雖然不長，但教訓已經足夠多。當時，瑪殊．汗的行為其實已受到許多精神分析師的質疑，但整個狀況一直要到七〇年代底，瑪殊．汗的行為已接近瘋狂，學會才考慮要開除他的會藉。也就在同時，瑪殊．汗發現他得了癌症（這潛意識的可能意含就深了）。倫理委員會有了婦人之仁，不願意雪上加霜，於是沒有將決定付諸執行。他們想，瑪殊．汗可能也活不久了，沒想到他又活了十二年，而且在這十二年間還繼續做工，學會最後終於在一九八八年開除其會籍，隔年瑪殊．汗死於癌症。從這件事我們學到，精神分析界和其他專業一樣，會有「瘋子」及搞不清楚狀況濫用職權的人（包括偉大的溫尼考特），精神分析學會也和其他機構一樣，會陷入集體迷思及集體規避責任的陷阱。

就在二〇〇九年開春，我才又聽到一條新的醜聞，有個分析師與他的女病人有了不倫的關係，女病人自殺了。倫敦精神分析界又熱騰騰地滾了起來。每一個職業都有職業傷害，也都需要處理對「服務對象所造成的傷害」，精神分析專業在這兩個部分恐怕是有過之而無不及。梅爾徹在其《精神分析歷程》一書中很清楚地指出，精神分析界過去的經驗已清楚地顯示維持分析架構的重要，它不只是在保護病人，也在保護分析師，同時保護精神分析這個專業。

瑪殊．汗已作古，但他對接受他分析的人的傷害，和他寫的書及文章一樣「影響深遠」。得知其結局後，很難不「因人廢言」，我無法想像有人能閱讀他的著作而受益。梅爾徹說得好，沒有什麼比分析師「說是一套，做又是另一套」更傷害這個專業。

海峽兩岸

這裡要談的海峽兩岸不是臺灣海峽的兩岸，而是英吉利海峽的兩岸。要談的主題不是政治，而是精神分析。

打不完的百年戰爭

自從英法百年戰爭以來，英國人和法國人大概就一直處在互相看不順眼的狀態。人文藝術領域如此，精神分析亦如是。這樣的「互相看不順眼」不單單發生於兩岸之間，有時也發生在自家門內。如同我在談英國獨立學派的文章裡所提到的（見輯四），一些對法國精神分析有接觸、有興趣的英國精神分析師（我所謂的英國精神分析師指的是「在英國精神分析學院完成分析師訓練的分析師」，並非指成為精神分析師的英國人）常常批評英國精神分析在理論及實作上不吸納法國經驗的封閉姿態。這種批評並非僅存在於精神分析界。作為一個多元種族社會，以英文為母語的人，上至文化精英，下至市井小民，能聽說讀寫另外一個語言的人並不多，英國人常常嘲弄自己的懶於學習另一種語言。英文獨霸世界文化發展的局面當然與政治及經濟力量密不可分，而法國人對此種現象一直維持著對抗的姿勢；努力擁抱英文到想放棄自己語言的地步的臺灣人及中國人則是另一個極端。

對於英國精神分析界裡指責分析師們面對法國精神分析的「不接觸、不談判、不妥協」態度，我是很熟悉了。倒是法國分析師對英國精神分析界的敵意，我是直到最近才算是感同身受地見識到，而這，得從一篇訪談稿說起。

這篇發表於一九九五年十一月號的《精神分析與文化》（*Psychoanalysis and Culture*）的訪談稿，訪問者是於英國格林威治大學教授社會理論及精神分析的卡德威爾（Lesley Caldwell），接受訪問的對象則是火氣很大的法國分析師安德雷．格林。他火氣大到讓我開始懷疑，英國精神分析界對法國精神分析界的漠視恐怕就像中國人說的，是一個銅板不會響。他對於英國人不翻譯法文精神分析書籍有意見，而又對於已被翻成英文的譯文有批評。格林的火氣不只是他的火氣，也是一般法國人會有的火氣，他們一方面批評英國人不翻譯法文書，一方面又對於要將法文翻譯成英文非常抗拒，總愛說英文沒有辦法表達法文的細緻與優雅，所以最好是英國人都學會讀法文。然而，哪一種翻譯沒有這樣的問題呢？語言與思考密不可分，當我把英文的梅爾徹譯成中文時，失落的是在英文內才會發展出來的某種思考方式及方向。文法及字彙不只是文法與字彙而已，它們與思考所必須使用的象徵息息相關。

在這篇訪談記錄裡，格林火力十足地攻擊英國精神分析師們「不學無術」，不讀書，不做深度哲學性思考，發表的文章全是三頁序言、十七頁分析晤談記錄再加上三、五頁結語的結構，簡直是丟人現眼（shameful，是他用的字眼）；還有那個「嬰兒觀察」，搞得一副不得了的樣子，好像沒做嬰兒觀察就當不了精神分析師，他強調同一個嬰兒被丹尼爾．史登、溫尼考特和艾絲特．畢克（Esther Bick）三個人觀察，會變成三個完全不一樣的嬰兒，也說眼睛看得見的根本不是重點。有趣的是，在他猛烈攻擊英國精神分析師同時，他一再提及溫尼考特和比昂的理論多麼了不起，與法國本土發展出來的理論多麼相關，並強調這兩位偉大的分析師在英國本土怎麼樣地不被瞭解，甚至認為英國精神分析師不懂溫尼考特提出來的 transitional space / phenomenon ——言下之意是「先知在本地本鄉總是被輕看」；而想當然爾，格林認為法國的精神分析界比較有能力瞭解溫尼考特和比昂這兩位先知。而對於當代克萊恩學派的分析師，格林說得更白了，他認為真正克萊恩的思想在這些當代克萊恩學派分析師身上已所剩無幾，更譏笑他們只會重覆地說，分析師內在的思考多麼複雜，卻在別人問他們是怎麼樣的「複雜」時，生不出個屁來（原文是："well, the mountain gives birth to a mouse"〔p.19〕）。

自戀創傷

至於另外一個精神分析發展重鎮，美國，那更沒有什麼好說的了，他們的寇哈特（Kohut）大肆宣揚的「重新發現自戀」根本就與佛洛伊德所談的自戀是兩回事。格林強調，對法國精神分析而言，「自戀」這個主題從來未曾失落，也就不必重新發現。法國精神分析界一直都在探索自戀，一直都在探索佛洛伊德，才不像其他國家的精神分析師……云云，族繁不及備載。在這一連串左笑英國，右嘲美國之後，格林說，「也許是我們比較自戀吧，所以我們才會對自戀這個主題這麼著迷」。我想，這句告白表明了一切。基本上，法國人的自戀可從他們選出來的總統身上看得一清二楚。他們幾百年來，恐怕一直沒有從「被英文取代其國際地位」（他們曾經有過國際地位嗎？）的「自戀創傷」裡復元。

最令人困惑的是，格林不斷盛讚的溫尼考特和比昂正是兩個道道地地、百分之百的英國人。沒有英文及英國文化的滋養與傷害（我所謂的「傷害」指的是比昂八歲就被父母從印度送回英國唸寄宿學校，而溫尼考特則從小像賈寶玉一樣在脂粉堆裡長大，因為他父母把教養之責全給交家裡的姆媽們及家庭教師，這些全是女人。兩種情況皆是典型英國維多利亞時代中產階級家庭會對小孩做的事。兩者也是英國社會至今仍在談論的「童年創傷」），這兩個人是不會發展出其一家之言的。格林不去看這兩個人的英國背景，反倒再三強調這兩個人如何與英國格格不入，藉此對比出英國精神分析師們的無知與狹隘。

當然，格林對法國土產的拉岡（Lacan）也不假辭色，他說：「我們當時被拉岡洗腦，然後我們發現了溫尼考特的理論，他的理論令人耳目一新。」他說，拉岡強調的「返回佛洛伊德」（returning to Freud）其實是「一張通往拉岡的單程票」（a one way ticket to Lacan），以致於許多人半路發現就先跳車了（p.18），包括他自己。

十一年後，二〇〇六年，英國精神分析學會贈予格林榮譽會員身分，從此他也是英國精神分析學會一員。他以榮譽會員的身分，在記念佛洛伊德一百五十年誕辰的研討會上發表文章，一副怡然自得的神態。我猜想，他現在火氣應該已經消散許多，也不再覺得他的英國同僚十分可笑又無知了，因為他們已經閱讀他的理論、認可他的貢獻。認識他並對他的論點有興趣的英國人想必在他心裡是很有文化素養的——我的腦袋裡沒辦法不出現這幾個字：「真是自戀啊！」

輯四

精神分析發現之旅

貼近實情本相

漸漸發現優秀的小說家和一流的精神分析師一樣，擁有對人性敏銳及深刻的觀察力。而幫助我看見這一點的是一流的評論家唐諾。他在兩本書裡，《閱讀的故事》（印刻出版）及《讀者時代》（時報出版）皆提到張大春談食物烹煮之道：

> 大春說，味道的「講究」那最精妙的部分總無法用傳統來承傳移交，而是一代代廚師在「失傳」的情況下重新來過，也就是說，這部分是無法教的、無法通過某種概念整理的「方法」來快速移轉，它只能在實踐中重新被掌握。
>
> 《讀者時代》，唐諾，頁七

這話用來描述精神分析師之養成過程再真切不過。英國當代極重要的督導級分析師梅爾徹，即宣揚過一樣的概念。他是這麼說的：

> 每位接受老師及文獻的引導的分析師必須「為自己發現精神分析」。
>
> Each analyst, guided by teachers and the literature, must 'discover' the whole of analysis for himself.
>
> （Meltzer, "The psychoanalytical process" 1967; p. xvi）

這「重新發現精神分析」的過程是不斷實踐的過程，包括實踐「病人」及「分析師」兩種角色。閱讀及上課無法取代躺在躺椅上被分析的經驗；夢，沒有診療室裡「自由聯想」及「移情關係」的帶引，無法成為通往潛意識的捷徑。而在診療室裡的實習配合上督導的定期開示也只有在經年累月之後，才會被「打通任督二脈」，而震驚地「發現」潛意識運作及溝通的方式。

東倫敦大學社會學院的院長麥可・羅斯汀（Michael Rustin）在塔維斯托克中心

教授研究法時，即將精神分析實作比喻為學習一門工藝，只有在不斷地磨練中，才能漸漸掌握其精妙。於是短則六年，長則十餘年的訓練期限便實在不算什麼；它只是讓身在訓練中的成員們時時有種入錯行（「被騙了！」）的痛苦，卻又因為它對人性的動人理解無他處可尋而決定掙扎到底。

然而，掙扎到訓練結束，領得證書，並不表示從此一通百通。診療室裡潛意識的種種面貌永遠是無限多，而人的理解，永遠是非常小；苦思之後突然茅塞頓開的時候是有的，但費盡心力而一無所獲的情況並不少見。唐諾在《閱讀的故事》裡分析葛林與卜洛克的小說時所說的一段話，貼切地描述了此種困境：

> 解決困惑過程的階段性不均勻，它不是好心人說的「一分耕耘一分收穫」式的每投入一分心力就得著一分進展，沒這等好事，相反的，過程中，你像整個人浸泡在彷彿無際無垠的困境之中，除了困惑和徒勞什麼也沒有，然後，就如同跨過了某個不可預見的臨界點，忽然有一天牆開始動了，賭錢的輪盤夢一樣開始跳出你押的數字來……卜洛克很冷酷，他提醒我們，

你推的極可能就是一堵根本不會動的牆。也就是說，理解，除了習慣性的遲到，它還會索性爽約不來。（頁八十六）

實踐精神分析的歷程即是如此。大部分的時間是浸泡在彷彿無際無垠的困境中，除了困惑和徒勞什麼也沒有。而所謂的頓悟有時候是根本不會來。那麼究竟是什麼樣的魔力，讓人渴望精神分析？我相信，精神分析如此吸引人是因為其「凝視」的能力。在躺椅上一週五次地躺了近七年，我經歷著被另外一個人「專注凝視」的幸福。分析師靠著他對潛意識運作的瞭解及對人性的包容，進行著精雕細琢的人格修復工作，提供病人早年應有而沒有的全心關注。雖然理解不一定會來，被全心全意凝視本身即為脆弱的心智提供成長的肥沃土壤。而在治療室凝視人及其潛意識歷程的經驗，則予我一種無法言喻的圓滿。可以專注地端詳一個生命的變化是極美好的事。唐諾說，這種凝視有種在「眾裡尋他、在眾聲喧譁中定定辨識出某人某物的感動，如本雅明說的，我們把目光固定在岩石上某個定點夠久，一個人頭或一隻動物的身體便會緩緩浮現出來」（《閱讀的故事》，頁二九四）。凝視的能力與專注於呼吸的能力極類似，像是打坐時的專注，專注於讓心靈和知覺自由流動。是這樣的自由與感動，使人願意忍受過程裡無邊無際的困境。

寫於二〇〇八年五月二十三日

傳承

佛洛伊德的詮釋令人記憶深刻，克萊恩的詮釋則很有幫助。

Freud's interpretations are memorable; Klein's interpretations are helpful.

伊娃・羅森費爾德（Eva Marie Rosenfeld）

當艾瑞克在餐桌上轉述其分析師伊娃・羅森費爾德（Eva Rosenfeld）所做的這個評論時，我的心跳了一大下。彷彿電光火石一剎那之間，自己多年來閱讀及學習佛洛伊德與克萊恩時心裡模模糊糊的情感被人用一句簡單、直截了當的話給明明白白地說清楚了。心跳的那一大下時，把這句話刻牢了，怎麼也忘不了，且老愛取出來細細咀嚼回味一番。而反芻著這句話時，一定伴隨著自己在診療室裡被克萊恩學派分析師分析的經驗——情緒得幫助，卻怎麼也記不太得分析師講的話。隨著被分析的年歲漸增，了悟一個道理，有治療效果的詮釋往往講到病人的心坎裡去（用精神分析專業術語來說，是講到了受分析者潛意識的情緒經驗裡去〔unconscious emotional experience〕，比昂用語）。聽到的當下即起了作用，診療室外待人接物，思考變得比較澄澈，說不出個所以然，只知道自己腦袋變清楚了。很能體會伊娃·羅森費爾德所謂的"helpful"。就是很有治療效果的意思，就是癥結被解開的意思。心於是就不執著了，緊抓著不放的就放下了。

皇家血統分析師

艾瑞克的分析師，伊娃·羅森費爾德，先後接受過佛洛伊德及克萊恩的分析。艾瑞克說起這事，有著謙虛的驕傲，我的想像則野馬狂奔。天啊！這可稱得上是「皇家血統」。而我，一介草民，因為認識了艾瑞克與狄莉絲，常受邀到他們家做客，而自覺得好像與佛洛伊德和克萊恩也有了某種關係。這個無聊的聯想讓我很快樂。

待我認真地想多知道一些關於伊娃．羅森費爾德，才知道她在做媽媽這角色上也和克萊恩一樣苦命。生了三個小孩，兩男一女，全在未成年就死去。做母親的，怎麼消受得了這樣的痛。

伊娃．羅森費爾德，一八九二年生於柏林，一九一一年結婚後隨丈夫搬到維也納，一九一八年，兩個兒子死於痢疾後，她創辦了一個類似今日中途之家的組織，專門收容青少女。一九二四年，安娜．佛洛伊德經人介紹，轉介一個女病人到伊娃的收容之家，兩人結識後，成了閨中密友。一九二七年，伊娃十五歲的女兒死於山難。喪女之痛加上安娜．佛洛伊德的鼓勵與建議，伊娃於一九二九年開始接受佛洛伊德分析，同時，她與桃樂絲．博靈漢（Dorothy Burlingham，佛洛伊德的女弟子之一）及安娜．佛洛伊德一起開辦了一所實驗學校[1]。她與佛洛伊德的分析持續了三年，結束於一九三二年，伊娃因生涯轉換回到柏林。一九三六年，伊娃前往倫敦，結織克萊恩，並於一九三八年開始接受克萊恩分析。直到克萊恩前往蘇格蘭，而伊娃去了牛津，這段分析關係才告終，時年一九四一。伊娃的這段因緣，知悉精神分析發展史者必然會立刻好奇起她與安娜．佛洛伊德及克萊恩的「三角關係」。當安娜・佛洛伊德與克萊恩各自領軍的精神分析學派筆戰、舌戰得如火如荼時，伊娃人在哪裡呢？

努力搜尋了半天，發現伊娃並未涉足於這場「宗派傳承之正當性」的爭奪戰裡。她後半生在倫敦執業教授精神分析的日子靜靜的，直到一九七七年。她與安娜・佛洛伊德的友誼則一直維持到終老。雖然只在史書上以「安娜・佛洛伊德的密友」存在著，接受她分析的艾瑞克清清楚楚地記得她，記得她如同他記得他的母親一般。談起伊娃，艾瑞克聲音裡總有濃濃的情。他說，伊娃有一次在他講完一些困擾自己的事後放聲大笑起來，並對他說，「哦，艾瑞克，別傻了！」（原文是"Oh, Eric, don't be silly!"）。艾瑞克笑著，說他的分析師非常率真自然，而我心裡想的是，「分析師可以這樣笑嗎？分析師可以這樣講話嗎？分析師不是應該很嚴肅地做著了不起的詮釋嗎？」很來發現，分析師這樣幽默而直率的反應是常見的。而艾瑞克這個可愛之人大概也是讓伊娃忍俊不住的原因之一。

理論與技巧的鴻溝

像我一樣，艾瑞克對伊娃先後接受佛洛伊德與克萊恩分析的經驗很好奇，於是問了她對這兩段分析的感受。伊娃說了我引述在文章開頭的那段話。我完全可以想像老佛洛伊德在診療室裡像授課似地做著了不起的詮釋和說明，對著病人的「腦袋」而不是「心」在說話。累積了一百多年的經驗，我們已經知道佛洛伊德是很了不起的理論創建者，卻不是個好的治療師，就像保羅．羅森（Paul Roazen, 1992）[2]所說的：

> 佛洛伊德的理論與實作之間有著極大的鴻溝。只有天真的初學者才會相信佛洛伊德形諸文字的種種關於精神分析技巧的建議，說明了他在診療室裡如何治療病人。即使是他發表的那些赫赫有名的案例也並不能代表其臨床實作的真相。[3]

於是可以理解伊娃所言，佛洛伊德的詮釋想必也和他的理論及見解一般，不尋常地令人難忘。但身為病人或被分析者，「有幫助」可能比較實際一點吧！

有趣的是，艾瑞克成了精神分析師之後並沒有變成佛洛伊德學派，也沒有變成克萊恩學派[4]，他屬於英國精神分析學會裡的第三勢力——獨立學派（The Independent School），和溫尼考特同一國，而他所寫的《英國精神分析中的獨立學派》（*The Independent Mind in British Psychoanalysis*，暫譯）與柏爾・金（Pearl King）和理卡多・史坦勒（Riccardo Steiner）合編的《佛洛伊德－克萊恩論爭》（*The Freud-Klein Controversies*, 1941-45，暫譯）、葛雷格里・歐科宏（Gregorio Kohon）所編的《英國精神分析：獨立傳統》（*British Psychoanalytical Society: The Independent Tradition*，暫譯）是瞭解英國精神分析發展（及分裂）的三本必讀之書。

也許，伊娃・羅森費爾德當年在「大論戰」時的缺席即已表態，也預定了艾瑞克後來的專業認同。

附註

1 這所學校就叫做 Burlingham—Rosenfeld School，是一所私立小學，專門為正在接受精神分析的小孩創辦的學校。

2 Reflection on a child analysis with Anna Freud and an adult analysis with Ernst Kris, 1992, Journal of the American Academy of Psychoanalysis; v. 20（1）, p48, 27p.

3 原文："Freud himself kept a wide（if unacknowledged）gulf between his theories and his practices. Only naïve beginners should think that Freud's own written recommendations on technique can tell us much about how he actually proceeded as a therapist. Even his famous published case histories are sometimes quite at odds with what has been reconstructed of his clinical proceedings with those patients." In "Reflections on a Child Analysis with Anna Freud and an Adult Analysis with Ernst Kris" by Peter Heller. Journal of the America Academy of Psychoanalysis, 1992; v. 20（1）, p. 48.

4 這兩個學派現在都加上了「當代」二字，成了「當代佛洛伊德學派」（contemporary Freudian）與「當代克萊恩學派」（contemporary Klienian）。

安娜・佛洛伊德軼事一二

這是我第三次聽人談起申請兒童精神分析訓練時接受安娜・佛洛伊德面試時的情況。爾瑪・柏曼・必克，英國精神分析學會克萊恩學派精神分析師，於接受訪談時[5]談起她於一九五五年從南非與夫婿初抵倫敦，想跟隨她夫婿一起到精神分析學院接受訓練，卻因為太年輕（爾瑪時年二十一），完全沒有工作經驗而被拒絕。有人建議她先到安娜佛洛伊德中心去申請兒童精神分析訓練，她去了。與安娜・佛洛伊德談完後，十分焦慮。她被接受了，但是她感覺安娜・佛洛伊德接受了她是因為她的名字爾瑪，以及她當時所冠的夫姓必克。兩者在安娜佛洛伊德的眼中都強烈地指向德國，於是爾瑪在安娜佛洛伊德心中成了從德國來的猶太人。爾瑪很擔心安娜・佛洛伊德從她的名字延伸了許多對她的想像，她覺得安娜・佛洛伊德看見的、面談的並不是她。她將這焦慮與擔心與幾位分析師朋友分享，於是有人建議她去和塔維斯托克中心的艾絲特・畢克談看看。她也去了，感受到畢克很認真地瞭解她的狀況，很認真地建議她如何開始。她按著畢克的建議，先去教了一年書，有了和小孩一起工作的經驗後，便於塔維斯托克中心展開她的兒童精神分析訓練。

前兩次聽到的與安娜・佛洛伊德面談的經驗則是發生在艾瑞克和狄莉絲身上。艾瑞克描述，安娜・佛洛伊德見他時，以下巴往上揚十五度的姿態把他從頭掃瞄到腳，然後拒絕了他的申請。當時，艾瑞克已經是心理學博士。艾瑞克想服務兒童的熱忱受到打擊，思考了幾天後，決定直接申請精神分析學院的成人精神分析訓練。他被接受了，一九六〇年正式成為分析師後，著書立說，並一度是英國精神分析學會的副會長。他說，當年的被拒絕成就了另一番風景。

至於狄莉絲，她的經驗與艾瑞克類似。有種被評價後，被貼上「不夠格」的感覺。她在被安娜・佛洛伊德拒絕後，到塔維斯托克中心接受兒童精神分析的訓練。一九六三年結束訓練後在倫敦工作執業並於塔維斯托克教授嬰兒觀察並督導兒童心理治療師，她於十年前在塔維斯托克創立了「嬰兒心理衛生課程」（Infant Mental

Health），嘉惠許多直接與嬰兒和母親接觸的專業工作者。她所著的《夜未眠：幫助失眠的嬰兒及父母》二十年來一直是熱賣書。她提到有一回，她在研討會上遇見安娜佛洛伊德中心的訓練課程負責人，聊起當年她被安娜・佛洛伊德拒絕一事，對方張大嘴不知如何回應，因為當時的狄莉絲已經是兒童精神分析界的泰斗。狄莉絲笑著說，「你們總是可以重新考慮接受我（You can always re-consider.）。」對方覺得非常不好意思，狄莉絲的成功說明了安娜・佛洛伊德無能「慧眼識英雄」。

這些聽來的，關於安娜・佛洛伊德的親身經驗令人搖頭。看來，安娜・佛洛伊德是個自以為是而不懂得選才的人。但，面對兒童時，安娜則是完全不一樣的人。我一直非常敬佩安娜・佛洛伊德收容戰爭孤兒，於二次大戰時，及大戰後成立幼兒園及孤兒院的舉措。非常高貴的行止。她將養育、教育及精神分析結合，在克萊恩深度挖掘一個孩子的潛意識時，安娜・佛洛伊德照顧著許多受到戰爭傷害的孩子，她於所成立的幼兒園及孤兒院做觀察研究，她的幼兒觀察團體比塔維斯托克中心更早發展出精神分析式的觀察技巧。安娜・佛洛伊德年少時曾到義大利跟著蒙特梭利學習幼兒教育，她創立的漢柏斯特幼稚園（Hampstead Nursery）不只是蒙特梭利幼稚園，更是兒童發展與兒童精神分析研究的重鎮，許多塔維斯托克在八〇年代才發展出來的、針對嬰兒期或幼兒期受創之兒童的治療技巧，安娜佛洛伊德中心的分析師們早在六〇年代就已經發表了完整的報告，分析治療這類兒童時，在技巧上應該做的修飾。

安娜佛洛伊德中心在安娜的領導下，有許多創舉，包括治療有精神疾患的兒童及青少年[6]，以及患有糖尿病而必須每天注射胰島素的兒童及青少年[7]。安娜自己發表過慢性且需要終生醫療協助的疾病對兒童身心發展的影響[8]。從這些文獻可以看出，安娜·佛洛伊德很早就看見，精神分析需要發展出不同的治療技巧以因應兒童與青少年不同的身心發展經驗。照顧及治療戰爭孤兒使安娜·佛洛伊德非常敏感於外在事件（包括身體經驗）如何形塑孩子的人格，也限制其發展。診療室裡的精神分析技巧若要有效，便需要針對不同的現象有所修改。

一九九九年，由羅希尼·約瑟夫·皮爾柏克（Rosine Jozef Perelberg）編輯而出版的《精神分析對暴力及自殺的理解》（*Psychoanalytic Understanding of Violence and Suicide*，暫譯）則是安娜佛洛伊德中心的另一貢獻。這本書是該中心以精神分析治療有暴力行為或自傷／自殺行為的病人的研究成果，書中，參與研究的分析師以實例探討這類病人的內在動力、分析師面臨的挑戰，以及如何修飾詮釋技巧。在面對不同類型的病人，精神分析如何形成新的理論架構，如何調整其技巧，一直是當代精神分析關注的焦點，而安娜佛洛伊德中心很早就開始有計畫地朝這個方向前進，很早就有計畫地出版其研究結果。令人敬佩。而其於診療室裡對病人特殊經驗的關注令人感動。

看來，安娜．佛洛伊德和許多有重要貢獻的人一樣，有令人不悅的傲慢，也有令人尊敬的偉大。

附註

5 二〇〇八年九月二十日，爾瑪．柏曼．必克（Irma Brenman Pick）於 October Gallery 接受現任英國精神分析學會會長麥可．柏樂利（Michael Brearley）的專訪，談她如何成為英國精神分析學會分析師，談從她的角度看英國精神分析學會內部的分裂與衝突。

6 安娜佛洛伊德中心的兒童分析師 Rosenfeld, S. K. 與 Sprince, M. P. 發表了兩篇非常重要的文章：

Some thoughts on the technical handling of borderline children（1965）與 An attempt to formulate the meaning of the concept "borderline"（1963）. 兩篇文章皆發表於 Psychoanalytic Study of Child.

7 Psychoanalytic treatment of Diabetic Children, 1984, 作者：Moran, G. S.

8 "The role of bodily illness in the mental life of children",（1952）; "On the interaction between pediatrics and child psychology",（1975）

英國精神分析獨立學派（一）

二〇〇三年六月十四，參加一場由英國精神分析學會主辦的「精神分析與信仰——合作抑或競爭？」研討會，認識了英國獨立學派資深分析師麥可·帕森斯，一位極具文學素養並對東方文化有興趣也有研究的分析師。當年，帕森斯先生的演講使我對精神分析有了比較開闊的視野，特別是他那句「不是每個人都需要精神分析，就像不是每個人都需要宗教一樣」解了我的心結，除去了我對精神分析的迷思，不再認為每個人最好都能被分析。

從那場研討會回來後，立刻到圖書館去尋找帕森斯先生的著作，結果意外發現了另外一個了不起的獨立學派分析師，伊妮德·巴林特（Enid Balint, 1904-1994）。原來帕森斯先生與另外一位分析師茱莉葉·米丘（Juliet Mitchell, 1940-）一同編輯了一本書，叫《在我成為我之前：精神分析與想像力》（*Before I was I: Psychoanalysis and the imagination*，暫譯）。此書收錄了伊妮德．巴林特發表的文章，帕森斯與米丘並對每篇文章都做了導讀。我從此書寫的序言裡得知，巴林特是帕森斯與米丘在精神分析學會受訓時的督導。伊妮德．巴林特的文章透露出她是個充滿想像力且溫柔的分析師。後來，於二〇〇六年國際精神分析英語研討會（English Speaking Conference）聽見帕森斯發表了一個臨床案例，對於他那帶有禪味的分析風格印象深刻，我想，這分析風格應是傳承自他的督導。

巴林特夫婦

書，第一章，〈分析師的田野觀察〉（Analyst's Field of Observation）以「顯微鏡」細看分析師如何思考病人躺上躺椅後所說的每句話，讓讀者清楚看見分析師上工時的心智活動。要能將分析師的思考歷程描述得如此精準又易懂，若非本身對潛意識及思考歷程有十足的掌握，是沒有辦法做到的。

而我，很快就愛上這本書及其作者。二〇〇四年十二月，到住在里奇蒙（Richmond）的同學家坐客，才知道原來有座巴林特紀念醫院，就在同學家隔壁，紀念的即是伊妮德・巴林特。怎麼會有分析師在醫界有如此殊榮呢？原來伊妮德與她的丈夫，也是精神分析師的麥可・巴林特（Michael Balint, 1896-1970，來自匈牙利的醫師及精神分析師，於一九三〇年代因納粹迫害猶太人而移民英國），自一九五〇年代即一起帶家庭醫師（family doctors, or General Practitioners, G.P.）小組研討會，他們帶著這些家庭醫師們瞭解其病人所埋怨的各種症狀下可能隱含的情緒意義。巴林特夫婦深入淺出地將精神分析對潛意識的瞭解教給對病人的情緒世界有興趣的家庭醫師，幫助他們傾聽各種病痛背後的個人故事。這樣的團體在巴林特夫婦皆過世後，仍有具有家庭醫學背景的獨立學派分析師們繼續經營著，強納森・史克拉（Johnson Sklar）即是傳承者之一。現在人稱的「巴林特團體」（Balint Group）已不只是一種團體工作，或一組織，更代表著已經被實踐的理想。

在克萊恩學派分析師打著手電筒用力照著與「死之本能」掛勾的「嫉羨」與「攻擊驅力」時，麥可・巴林特強調讓人活下去的「愛」——The primary love，指的即是每個人最原初的愛的對象——母親。他的論點與他曾在匈牙利接受費倫齊分析，上過他的課有很直接的關係，而當時（一九一八至一九一九），克萊恩也是費倫齊受分析者。我在輯三的一篇文章〈愛在精神分析診療室〉提過這個非常有創意、且對病人充滿關愛的分析師費倫齊。他那些有點狂野的分析技巧漸漸地被他的追隨者修飾並發展成重要的理論。

茱莉葉・米丘

二〇〇五年三月，我因緣際會地去聽了米丘的現場訪談，以聽眾及學習者的身分認識了這個重要的當代獨立學派分析師，知道了她在成為分析師之前即擁有英美文學博士，並以文字推動女權運動而聞名英國文壇及學界。她在從事精神分析臨床工作多年後決定結束所有的臨床工作，回到劍橋大學教書並寫作（她在劍橋大學耶穌學院教授「精神分析與性別研究」）。

米丘於訪談時提到，從事臨床工作與寫作對她而言很難並存，而目前的她需要足夠的心靈空間從事文字生產。這樣的生涯決定並不少見。前一陣子才在英國國家廣播電台聽到另外一個精神分析師放棄臨床工作，專心發展其舞台劇本寫作及導劇的劇場生涯。他說，「與其每天和很病態的人綁在一起好幾個小時，我寧可享受與才智心靈相近的人一起創作的樂趣。」這叫人各有志。米丘出版了一本書，名為《手足》（*Siblings*，暫譯）。這本書是為了平衡精神分析一個世紀以來的偏見：精神分析只談伊底帕斯三角關係（父、母與我）而完全忽略手足對個人內在世界之形成的影響。這書一炮而紅，就像一九七四年她出版的《精神分析與女性主義。佛洛伊德、瑞奇、列寧與女人》（*Psychoanalysis and Feminism. Freud, Reich, Laing and Women*，暫譯）一書一樣，立刻造成話題。從她出版的這兩本書，不難看出其女中豪傑的氣魄，然而她本人非常溫柔而謙和，說起理來極具說服力。

我的「獨立學派分析師發現之旅」繼續著。二〇〇八年，因著好奇，於受邀到茱莉葉·霍普金斯家作客時，我問誰是她的分析師，得知她的分析師是伊妮德·巴林特！心裡驚呼，原來我喜歡的人全是同一掛的啊！我告訴茱莉葉我讀過伊妮德·巴林特的書。茱莉葉滿臉笑意，她很高興我不僅知道這個人，還讀了她的書。她被伊妮德分析的經驗非常美好，說伊妮德是個很溫暖的人。在自己被分析、被督導及接受臨床訓練這麼多年後，我深知分析師或治療師個性好對病人的影響。

葛雷格里歐·科宏

然後，就在最近，我發現了另外一位了不起的獨立學派分析師，葛雷格里歐·科宏（Gregorio Kohon）。知道這個人是二〇〇五年的事，起源是他是我同班同學塞巴斯提安·科宏的爸爸。我在輯一〈思考的厚度〉提過塞巴斯提安。班上同學背地裡喚他「真命天子」，因為他不只有個爸爸是分析師，媽媽也是分析師。他的父母帶著三個小孩於一九八八年四月移民至澳洲，直到一九九四年塞巴斯提安到了要上大學的年紀才又搬回倫敦。同學們私底下喜歡想像雙親都是精神分析師的感覺，對於辯論其利與弊很有興趣。對於塞巴斯提安，這是件很難想清楚的事，所以他跑到義大利去修習「嬰兒觀察」課程，為的是「離父母遠一點」。而我呢，大概是出於嫉妒，喜歡拿這個問題逗弄他。上回大伙兒聚餐，我坐在塞巴斯提安旁邊，問他的第一個問題即是，「你有沒有讀你父親最近出版的那本小說啊？」

科宏在成為精神分析師之前已經是已發表詩作的詩人。他離開澳洲回到英國後，不只出版了一本重要的論文集，名為《確據從未存在》（*No lost certainties to be re-*

covered，暫譯），還出版了一本小說《紅鸚鵡、木頭腿》（*Red Parrot, wooden leg*，暫譯）。論文集是以英文撰寫，其中的篇章先發表於《國際精神分析期刊》，後集結成書於一九九九年出版。小說則是以其母語西班牙文撰寫，西班牙文版先出版，英文版則在二〇〇八年春天上架。有這麼有成就的父親對兒子來說想必是件很討厭的事吧。塞巴斯提安沒有否認，確實很討厭。而我是在最近因為重新閱讀雷・布萊頓（Ronald Britton）的書，《性、死亡與超我》（*Sex, death and superego*，暫譯）（很棒的書名，很有「性、謊言、錄影帶」的賣點）時，發現了這本非常重要的書，《確據從未存在》。

成長常是如此。經驗未到時，其實看不見「重要」的文章及「重要」的人。我讀布萊頓關於安娜・歐的文章數次，從沒看出他引述的科宏所寫的〈論歇斯底里〉是篇重要的文獻，直到這回重新再讀，才眼睛一亮，立刻到圖書館去把這本書找出來。這書一讀，十分汗顏。因為書裡回答了我許多困惑。在我困惑的這些年裡，居然不知道這本一九九九年出版的書就躺在圖書館裡，而書裡就有我一直在尋找著的答案。當然，這樣的無知其實不是個人的錯，而是整個塔維斯托克訓練課程安排的偏執所造成的結果。當「獨立學派」廣讀各家對各種主題的論述時，克萊恩學派有種非常孤傲的氣勢，認為我們只需要讀克萊恩學派大師們的論著即可行遍天下，甚至有種「我們才知道什麼是真正的深層潛意識」的傲慢。作為當代克萊恩學派的一員的我，有時候真不知道這樣的氣魄到底是因為很有本錢呢，還是只是一種偏狹。

是詩人，小說家又是精神分析師的科宏於其書中談「歇斯底里」，談「戀物癖」，談「夢與象徵」，談藝術家創作的歷程，談史蒂芬・金的小說。因為他本身寫詩，寫小說家，由他來談藝術創造比漢娜・西格爾或大衛・貝爾（兩人也是師徒關係；貝爾已被選為下一任的英國精神分析學會會長；兩人都是克萊恩學派分析師）要更貼近藝術家的創作真相。很久以來，西格爾用克萊恩兩個心理位置理論（paranoid-schizoid position and depressive position）來解釋藝術創作，主張藝術創作的動機是「修復」，而人要處於憂鬱心理位置才會想要修復，因此她認為藝術家比一般人有能力承受心靈真相、處理失落，他們比較有能力「進化」到憂鬱心理位置。作為學生的我們常覺得這理論基本上是睜著眼睛說瞎話，因為大家都知道很多偉大的藝術家或作家根本就是生活及人際關係裡的混蛋。按照克萊恩對兩種心理位置的解釋，這些在生活上一團混亂的藝術家恐怕比較是在「幻想分裂心理位置」生產出偉大的作品。科宏說得好，他認為很多藝術家在從事藝術活動時其實是處在一種極病態的狀況；而藝術創作對很多藝術家而言比較像是一種無法控制的上癮行為。自私及攻擊力是藝術創作的必要條件，這話是溫尼考特說的。這當然不在否認某些藝術創作者的作品確實成形於憂鬱心理位置。當代的克萊恩學派其實已修正了西格爾的看法，其中以朱蒂絲．愛德華（Judith Edwards，分析師，同時也是兒童及青少年心理治療師）所寫的《閾限之前：毀壞、修復與創造及其與憂鬱心理位置之關連》（*Before the Threshold: Destruction, Reparation and Creativity in Relation to the Depressive Position*，暫譯）即在探討創作不必然從「憂鬱心理位置」而出。然而如此的轉變，我們並未在課堂上從老師那兒知道。西格爾發表她的創作理論其實已經是三、四十年前的事，這篇文章毫無疑問非常重要，然而，若只將它當作必修課一年一年的傳授，而不去談「後來呢？」，恐怕只會顯示精神分析圈內門戶之狹隘。後來，精神分析界對藝術創作其實有許多不同的看法。

我在此要引述科宏於書中所寫的一段話：

精神分析師創造他們自己的分類項目，藉此想將未知的癲狂及潛意識變成可以被人理解的東西。然而，面對這麼多的不確定，身為精神分析師的我們恐怕把精神分析理論看得太認真了，把地圖當成了地圖所表徵的地理。結果，我們的理論變成一種死的指涉，取代了「自然」的看見及理解。安穩地待在我們固著的世界觀，我們看不見自己的專斷，還真的以為我們找到了徵兆、澄清了一切。克萊恩學派的創造力理論即面臨這樣的危險。（頁一〇一）

Psychoanalysts create their own categories by which they try to turn the unknown world of madness and the unconscious into something accessible, even possible. However, confronted with so much uncertainty, many of us take the psychoanalytic theories a bit too seriously, confusing the map with the territory. Thus, our theories become frozen signifiers, which try to pass as "natural" ways of seeing and understanding. Settled in our own view of the world, we refuse to draw attention to the arbitrariness of the signs we use, genuinely believing that those signs have created a sense of clarity. Kleinian concepts of creativity have risked becoming such frozen signifiers.（p.101）

克萊恩學派專斷的個性並不源自克萊恩本人，而是來自她第一代追隨者。有趣的是，這些強調「攻擊」及「死之本能」的分析師們本身在保護或捍衛克萊恩及其思想時便以攻擊力十足而著稱。雖然此種專斷的態度有其政治背景，我想，其中大概也與這些分析師的個性有關吧，其中的代表即是西格爾。這位分析師年高九十，還在督導教學。她於兩年前到塔維斯托克演講時已經髮蒼蒼視茫茫，想不起來佛洛伊德的地誌學典範，在講台上喃喃說著她以前可以對佛洛伊德的文章倒背如流，如今已經想不起一些已變成常識的精神分析理論……。我看著她的愛徒貝爾為她戴眼罩，倒水，提詞，心裡覺得很難過。這樣為難一個老人家實在很殘忍。我不免也想，會不會是西格爾自己沒有辦法放下她已享受了好幾個世紀的光環？臨別，頻頻回頭。這時，就得提艾力克・艾瑞克森（Eric Erickson）這位提出人生不同發展階段有不同任務的心理學家。艾瑞克森當年曾在倫敦跟著安娜・佛洛伊德學習，是安娜的手下愛將之一。艾瑞克森後來去了美國，在倫敦的那些年，他沒有選擇成為分析師，然而他對心理學界的影響，遠超過所有分析師加起來的總合。艾瑞克森提到老年的發展任務是統整，接受生命的限制及死之將至。不能接受老化及死亡而調整待人處世的方式與對自己的期望，便很容易「戀棧」。戀棧人生、戀棧光環、戀棧舞台、戀棧掌聲……。我們往往對不戀棧的人充滿尊敬及想念，而對戀棧者，漸漸失去耐心。西格爾這個人極有野心、攻擊力十足，她的理論主張主宰了克萊恩學派理論好幾個世紀，而從二○○七至二○○八年，已經有好幾場以她及她的理論為主角的大型研討會。這些研討會加上我親眼見了她的幾回，讓我很深地感覺到，她沒有辦法過「沒有聚光燈」的生活，即使是在她已經老到記不得誰是誰，她還接受督導及教學的邀約。這樣對面人生終點的態度叫人覺得心酸。科宏在其書中所批評的克萊恩學派其實是西格爾的克萊恩學派，雖然他並未明說，而當代克萊恩學派自一九九九年之後，已有了不少轉變。作為獨立學派分析師的科宏其實讀了不少克萊恩學派分析師的文章，比昂、羅森費爾德、布萊頓、約翰．史坦納（John Steiner）皆在他在書中出現。西格爾與比昂（1897-1979）、羅森費爾德（1910-1986）是同一個世代的分析師，生於一九一八年的西格爾，二十七歲就成為分析師，目前已九一高齡，是克萊恩嫡傳弟子中唯一還活著的人，難怪眾人無法讓她真的退休。她一死，就真的是一個世代的結束了（編按：西格爾已於二〇一一年七月過世）。

寫於二〇〇八年

英國精神分析獨立學派（二）

原來獨立學派並不是一個學派！

《確據從未存在》一書讀到最後一章〈知識〉（Knowledge），開始意識到，所謂的獨立學派好像並不是一個學派。科宏對文學、歷史、哲學與各家精神分析（特別是法國精神分析）的旁徵博引漸漸開啟了我對「獨立學派」更貼近真相的理解。

我想，所謂的「獨立」（independent）指的是思考的獨立、想法的獨立、判斷的獨立及興趣的獨立。簡言之，是「心」的獨立，不受威權及體制限制。所以，可以閱讀佛洛伊德，可以閱讀克萊恩，可以閱讀拉岡，可以閱讀溫尼考特。理解之後，可以判斷，可以消化，可以有自己的看法。這是「獨立」的意義。突然之間，我感覺到自由。我想，「獨立學派」指的是一群想要維護「思考自由」的分析師所組成的團體，他們並沒有像克萊恩學派或安娜・佛洛伊德學派那樣，有清楚的領袖、黨綱及組織，他們選擇「獨立」也不表示他們不贊同安娜・佛洛伊德或克萊恩的理論。在科宏的書裡，他讚許克萊恩獨立的見解；當佛洛伊德非常專注於性心理發展階段論，克萊恩不受此種線性發展論的限制，自由地開創她從兒童身上觀察到的不同的「心理位置」。

我的猜測在科宏寫的英國精神分析簡史得到證實，其實所謂的「獨立學派」並不是一個學派。〈英國精神分析運動簡史〉（**Notes on the history of the psychoanalytic movement in Great Britain**）收錄於《英國精神分析：獨立之傳統》（*The British School of Psychoanalysis: The Independent Tradition*，暫譯）一書。書的編者是科宏，他同時也是書中三篇文章的作者，其一為〈英國精神分析運動簡史〉；其二是〈反移情：獨立觀點〉；其三是〈再思朵拉：歇斯底里案例〉。這篇再論精神分析史上的經典案例——「朵拉」的文章，後來經過增修後收錄於《確據從未存在》一書。

科宏的〈英國精神分析運動簡史〉記錄了英國精神分析學會的成立、解散、再成立、分裂、爭吵、協商，達成共識、共識無法落實、再協商、妥協、形成新的共識及最後和平共存並持續建設性互相批判的歷程。過程十分精彩，比英國國家廣播電視製作的古裝連續劇還好看。我在此特別想談的是「獨立學派」是怎麼變成「獨立學派」（The Independent school or The Independent Tradition）的。

正統之戰

克萊恩與安娜・佛洛伊德為了誰的兒童分析理論才是正統（即延續佛洛伊德的思想）所展開的「論戰」（Controversial Discussions）從一九四三年一月延續至一九四四年五月。這架吵得是翻天覆地，但吵完後，所有理論上的衝突及政治上的爭權並沒有得到解決。克萊恩學派保留佛洛伊德的理論名詞，但改變其內容含意的作法令許多分析師搖頭。直到今天，克萊恩學派重鎮塔維斯托克仍堅持以「克萊恩」的角度詮釋佛洛伊德，以強調克萊恩學派傳承佛洛伊德思想。這個完全不顧佛洛伊德原意的詮釋方式（或扭曲方式）持續惹來許多批評，同時也抹滅了「克萊恩學派理論」的獨創性。梅蘭妮・克萊恩發展的後設心理學及心智模式乃立基於不同的假設，不同於佛洛伊德的理論所立基的假設。科宏認為，假設不同，卻硬要說克萊恩的理論延續佛洛伊德，難怪衝突及不滿並沒有因為「辯論」而得到解決，最後只好專心想辦法妥協，讓水火不容的兩組人馬可以共存於同一個精神分析學會。

「紳士協定」或「仕女協定」於是誕生。這個協定由三個女人簽署：安娜．佛洛伊德、克萊恩與絲薇亞．佩恩（Sylvia Payne）。學會於一九四六年開會通過此協議，從此以後英國精神分析學會有兩套訓練課程——課程A與課程B。這兩個訓練課程同屬於一個訓練委員會，這個委員會同時也負責篩選申請者，及頒發分析師證書。因為課程A的研討小組的老師們來自學會大部分的成員，於是便說好由安娜．佛洛伊德及其跟隨者教授課程B的學生們精神分析理論。學生們的第一個分析督導由其所屬團體裡的分析師來擔任，第二個分析督導則必須從既不屬於安娜團也不屬於克萊恩團的分析師們當中挑選。課程如此設計，便有了所謂的中間團（Middle Group）：於是學會只有一個，學會內則有了三個團體，兩套訓練課程。同時，在行政運作上，各團體各有代表任職於委員會內，以維持其運作的平衡。一九四六年之後，雖然訓練課程有了很大的改變，其政治運作則持續至今。今天，英國精神分析學會的會長仍由選自三個團體的成員輪流擔任。

不幸的是，經過妥協後的臨床訓練課程沒有如預期地順利進行，經過幾次修改後，新的訓練方案於一九七三年敲定。受訓者在一位資深分析師的協助下（這個資深分析師扮演像導師的角色，稱之為 personal advisor），可以自由選擇想上的課。

雖然三個團體和平共存於一個學會至今，但這三個團體一直維持著清楚的「自我認同」。大家心照不宣地同意，你的分析師屬於哪一團，你就屬於哪一團。一路發展下來，克萊恩團的學生會被要求要受克萊恩學派的分析師督導，而中間及安娜．佛洛伊德學派的學生則有較大自由可以決定要被哪個學派的分析師督導，不過為了避免不必要的衝突，最後發展的結果是，臨床督導最好還是與個人分析師同一個學派。克萊恩學派對她的學生一向要求絕對的忠誠，而對於「叛逃者」絕對不假顏色，其中最有名的兩個「叛逃者」是寶菈．海曼（Paula Heimann）和溫尼考特。這兩個人後來成為「中間派」的大將。有人說，比昂其實也「叛逃」了，只不過，他的個性讓他沒有與克萊恩公開絕裂。在此種「壁壘分明」的氣氛下，分析師們在發表的文章裡絕對不引述「敵方」的文章或論點，但這個現象近來也漸漸緩和。

互有消長

所謂的「中間團」其實本來也不是個團體或組織。那些被劃入「中間團」的分析師只是因為他們拒絕加入安娜團或克萊恩團。結果，中間團一直是最大的一團，一直要到二〇〇七年，克萊恩團才成長得和中間團一樣大，而安娜團變成最小的團。中間團的分析師不願意變成政治組織，不願意被挾持，不願意選任何領袖，不願意「皈依」。但是，這麼多的「不願意」並未能使他們免於變成政治團體。很快地，他們也變成「敵人」，不僅是安娜·佛洛伊德的敵人，也是克萊恩的敵人，於是便免不了被當成箭靶。可是，因為這個團體擁有最多人數，反而成了英國分析學會一股平衡的力量，所以精神分析學會的屋頂才沒被兩組火爆的人馬給掀了。因為這組沒有選邊站的分析師被視為「敵人」，克萊恩學派及安娜·佛洛伊德學派的分析師們當然不會有好話。有人說他們「膽小」、「不可靠」（Glover, 1949）；有人揶揄他們是「一群和平愛好者，不願意加入極端主義者所設計的陰謀」（Schmideberg, 1971）；有人說他們是一群「自以為兼容並蓄」但其實「最教條主義」的分析師

（Steiner, 1985）；西格爾（1979）則責備這群分析師「不願意做承諾（uncommitted）」。一九六〇年代，中間團終於變成一個團，並於一九七三年正式被命名為「獨立學派」（Independent Group）。

結果，凡是不願意歸化為B團（即安娜·佛洛伊德學派）或是克萊恩學派者，就會被算作「獨立學派」。有一些分析師，像是麥可·巴林特與溫尼考特，則拒絕被算在任何一派。而其實，我發現，「獨立學派」根本就不是一個學派。獨立學派裡有相信安娜·佛洛伊德的理論的，也有信從克萊恩的發現的，只是他們實在不想被捲進政治鬥爭裡，而拒絕加入任何黨派。而英國精神分析學會偉大之處便在於，這些紛紛擾擾可以被容納於一個學會裡，沒有人會因為不願意加入黨派而被踢出去；而不願意加入黨派的分析師們也不需要「另起爐灶」——另創學會。此乃成熟人格之特質。

欲知詳情者，請參閱科宏先生的文章及他所引述的文獻。

Glover, E.（1949）. "The position of psycho-analysis in Britain", in *Selected Papers on Psycho-Analysis*, Vol. 1, *On the Early Development of Mind*, London: Imago Publishing Co. Ltd, 1956.

Steiner, R. （1985）. Some thoughts about tradition and change arising from an examination of the British Psycho-Analytical Society's Controversial Discussion （1943-1944）, Int. *Rev. Psycho-Anal*. 12, 27-71.

Segal, H. （1979）. *Klein*, London: Fontana/Collins.

Schmideberg, M. （1971）. A contribution to the history of the psychoanalytic movement in Britain, *Brit. J. Psychiat*. 118: 61-68.

知之為知之，不知為不知，是知也

理論課，我們聽著一九九一年梅爾徹在塔維斯托克中心的一場演講錄音，談的是他在診療室裡從三個背景類似的成人受分析者身上發現的某種心理現象。這三個受析者皆來自典型優渥的英國家庭，自小便被送到有名的寄宿學校就讀。梅爾徹在這三個受分析者身上發現一種獨特的、因長期居住在寄宿學校而發展出來的「幽閉恐懼心理現象」，及因此而有的不同於嬰兒式移情的特殊移情關係。這篇演講後來發展成一本書《幽閉恐懼症研究》（*The claustrum:An investigation of claustrophobic phenomena*，暫譯）。

在此書中，除了發表他從這三個案例萃取出來的理論，梅爾徹還試圖將診療室裡的臨床現象擴大為對人類社群演化的瞭解。梅爾徹的這個延伸，在課堂上引起一些激烈的反應。究竟，診療室裡所觀察到的個體心理現象能不能原封不動地用來解釋社群現象？因長期居住於寄宿學校，而發展出的世界人際觀[9]能不能用來說明人類社會（任何組織機構）的本質？梅爾徹認為可以，所以在談完他的受分析者後便開始談起任何組織（包括家庭）皆有其階級架構，為了生存，個體發展出各種適應行為，而「幽閉恐懼心理現象」則是一種適應偏態。

雖然有佛洛伊德創此先例，說出「宗教信仰的儀式行為與強迫症病患的強迫性思考、意念及行為是一樣的」（Freud, 1907）的話，我並不同意梅爾徹如此應用診療室裡的發現，當然也不同意佛洛伊德這類斬釘截鐵的宣告。這樣理所當然地把診療室裡觀察到的心理現象轉成對人類社群行為或信念的解釋，實有違精神分析一再強調的科學態度及研究精神。

同時是克萊恩學派精神分析師，又是人類學家的史匹利爾斯[10]於其新近出版的書中即強調，雖然精神分析師在診療室裡對個體的研究可以類比成人類學家對一小型社會的探索，但「人格系統」（personality system）不同於「社會系統」（social system）。兩個專業的研究焦點雖同樣是「人性」（human nature）或「人心」（human mind），但精神分析專注的是「人性／人心」如何彰顯於分析師與病人的關係裡，而人類學家則專注於「人性／人心」如何彰顯於其社群行為、文化實踐及信念中。這兩類現象並不是同一回事，而探究這兩種現象的研究方法也不相同。社會／社群行為或信念不是個人內在世界的外顯，而社會或文化現象也不等同於個體的內在世界。分析師在做這類的推論時，實有必要強調，他所提出的是一個有待驗證的假設，而非已經證實的理論。

史匹利爾斯提到另外一個類似的經驗。在接受精神分析臨床訓練的過程裡，她非常受不了精神分析師談起受分析者的原初情感及想法（infantile thoughts）時，一副「這就是事實」的態度（"I was equally troubled by the way psychoanalysts of all schools described theories of infantile thought almost as if they were fact, when according to my way of thinking they were hypothetical models."〔p.18〕）她一再提醒讀者（學習精神分析者），我們並不知道嬰兒是怎麼想的，我們所提出的是一種假設，一種推測，而非事實。

另一位持有此種態度的克萊恩學派分析師是亨利・雷（Henri Rey）。同樣是談幽閉恐懼心理狀態[11]，雷大量引用皮亞傑的實徵研究，談兒童對時間及空間的知覺發展，以及這些實徵研究如何有助於瞭解精神病患的幽閉恐懼。他說他之所以引用皮亞傑，是因為精神分析從來沒有研究過人如何知覺外在空間、時間及置換（"I have made use of Piaget only for the reason that psychoanalysis has never studied the structure of external reality, of space, displacement and time as have he and his pupils."〔p. 217-8〕），而瞭解了人如何形成其對外在空間、時間的知覺或錯覺，才能真確瞭解人如何在其內在世界裡感知時間與空間。雷明明白白地指出精神分析「知」與「不知」之處的態度，才是科學家的態度。

附註

9 即，「世界乃由不同階級所組成，階級定義了個人價值、個人行為及人際互動守則」。梅爾徹觀察到這個三個男性被分析者的內在世界有如一與世隔絕的「寄宿學校」，它可以是天堂也可以是集中營。其中按著不同階級（包括年級、教職員、舍監、訓導管理及校長等）而形成三個區塊：性器區（compartment in genital）、頭—乳區（compartment of head-breast）及直腸區（compartment of rectum）。個人對於所處世界的知覺有這三種。你可能覺得自己處於天堂，擁有各種資源及思考的能力（頭-乳房），或是處於直腸世界，世界像糞便——這是一個充滿迫害的世界。

10 Elizabeth Spillius，二〇〇七年"*Encounters with Melanie Klein*"，書中第一章談的是她如何結合人類學訓練與精神分析。

11 Schizoid phenomena in the borderline, (1979), 收錄於史匹利爾斯（Spillius, 1988）編的"*Melanie Klein Today: Developments in theory and practice*"上冊。

多年之後

我的倫敦好友嚴明家有喬遷之喜，辦了個新居落成餐會，當地人叫做"house warming party"。我受邀前往，享受美酒佳餚之餘，遇見一個有趣的人——安娜，嚴明在大學教書的同事。我們互道姓名後開始「身世背景介紹」。她說她在大學教外國學生英文，接觸許多從臺灣及中國大陸來的留學生。我說我在塔維斯托克診所接受「兒童與青少年精神分析導向心理治療」[12]訓練。她頓了頓後告訴我，她小時候曾在塔維斯托克接受治療。我眼睛一亮，心跳加速，覺得自己運氣真是好得不得了，居然遇見一個小時候曾經接受一週五次兒童心理分析的活人。她告訴我，塔維斯托克診所以前在梅爾朋路（Marylebone Road）附近，攝政公園的另一邊，她在那兒接受治療。我點頭，知道這段過往。我的前一位導師狄莉絲即是在這個舊址接受訓練

13。當年的塔維斯托克還沒有今日的規模，每年的受訓者只有兩位，狄莉絲的同學只有朱莉葉．霍普金斯（約翰．鮑爾比的外甥女），而當時塔維斯托克的兒童心理治療其實就是一週五次的兒童精神分析。

安娜說，她當時十一歲，突然過敏症發作，嚴重得不能上學。她的父母親在藥物治療不見起色後，決定帶她到塔維斯托克診所求診。初診時，治療師即發現安娜的過敏可能與她祖母過世有關，因為兩件事發生在同一個時間點。既然過敏可能是心因性，心理治療應是恰當的處方。我問安娜當時接受心理治療的感受，她說，"Oh, I hated it! But that's the point, isn't it?" 說得沒錯，因為精神分析導向心理治療（克萊恩學派）工作有很大一部分在於收集並善用病人的負向移情，當我們向督導報告，「天啊，我的小病人開始痛恨我！」督導通常會微笑，然後說，「很好（Well Done）。治療開始了。」

是治療師，不是叔叔或阿姨

學習成為心理治療師的路上，常被提醒，「你們不是老師、不是奶媽、不是和藹可親的叔叔伯伯阿姨，你們是孩子的心理治療師！」所以我們不教學、不噓寒問暖、不熱情討好；我們觀察、詮釋、參與孩子的遊戲的同時仍然在觀察、思考、描述觀察、分享思考，並在時機適當時詮釋。在這個過程中，要看見的是孩子的內在世界，孩子的想像與潛意識幻想，以及其中破壞及阻礙其發展的負向內在經驗——一種內在自我與內在客體的互動。當這些內在情緒經驗可以外顯於孩子與治療師的關係裡，正是心理治療的大好時機。藉由瞭解孩子的負向情緒經驗及治療師本身在孩子內在世界裡所扮演的角色，治療師（分析師）傳遞包容及接納。治療師願意被恨、有能力不報復，並能從被恨中復元是心理治療之所以有效的重要因素。

不幸的是，安娜的治療師在治療仍在進行中死於一場意外。我一聽，當場下巴往下掉。安娜點頭，「對啊，很慘。」後來，她被轉給另外一位治療師，艾絲特・畢克。我一聽，下巴又往下掉！艾絲特・畢克，精神分析界的泰斗之一。一九四八年，畢克將嬰兒觀察引進塔維斯托克的臨床訓練課程中；一九六〇年，身為英國精神分析學會資深分析師的畢克進一步將嬰兒觀察引進成人精神分析師的訓練課程中。因為她，英國精神分析學會成為第一個（可能也是唯一一個）將觀察嬰兒之發展及其與主要照顧者及家人之互動列為必修課程的成人精神分析學會。

我告訴安娜畢克在精神分析界的重要地位，她笑著說，原來她有個名人分析師。她記得，沒多久，她便不再去塔維斯托克診所，而改去畢克家裡接受分析（家裡的診療室）。因著我個人的好奇，我問安娜畢克是個怎麼樣的人。狄莉絲曾告訴我，畢克很嚴，大家都很怕她。我想知道與病人在一起的畢克是不是也很嚴，也很令人害怕。安娜說畢克很安靜，少話，就像所有的分析師一樣。安娜記得她的兩段治療，記得她的過敏不藥而癒，記得她不喜歡去見她的分析師，記得她幾次試著從窗戶逃走……，她說，心理治療為她開了那扇思考的窗，雖然小時候那麼討厭它，成年後，當受著生活上的苦時，自己又循著線回到了心理診療室——英國精神分析學會的心理分析中心（London Clinic of the Institute of Psychoanalysis）。這一回，她在診療室裡待了五年。

彼得・海勒的惡夢

多年之後，小孩長大了，童年時待在心理分析診療室裡的記憶依然鮮活。事實上，有另一個「小病人長大成人且名留青史」的故事。彼得．海勒，一九二〇年出生於人文薈萃的維也納，家境富裕，自小家中文人墨客常坐，音樂藝術乃其家庭生活一部分。海勒的父親自己接受精神分析，把九歲的海勒送到安娜．佛洛伊德、桃樂絲．博靈漢及伊娃．羅森費爾德新創辦的實驗小學就讀，而這個小學的每個小孩都在接受精神分析。這個學校裡的老師們包括桃樂絲．博靈漢、伊娃．羅森費爾德、艾力克．艾瑞克森、西格弗萊特．柏納弗特（Siegfried Bermfeld）……（族繁不及備載），而這些老師們若非精神分析師，便是即將成為偉大的精神分析師或偉大的心理學家。在一九二〇年代末期的維也納，精神分析以心理學的一個支派存在著，而這些第一代開創者，不僅熱衷於發展精神分析，更熱衷於結合精神分析與教育（特別是小學及幼稚教育），發展「精神分析導向教學法」（Psychoanalytic Pedagogue）。而帶頭領軍者即是安娜．佛洛伊德。幼稚及初等教育一直是安娜．佛洛德的興趣，即便後來定居倫敦，她仍不改其志，很快就成立了漢柏斯特幼稚園，而安娜佛洛伊德中心的幼兒觀察課程（兒童發展）也一直在兒童精神分析界享有盛名。

海勒於一九二九年至一九三二年之間接受安娜．佛洛伊德的分析。分析不在學校進行，而在佛洛伊德家裡；分析不是藉由遊戲進行，而是躺在躺椅上。想想，一個九歲大的小孩躺在躺椅上像大人一樣得靠語言來提供分析的素材，是多麼難以想像的事。保羅・羅森為海勒於一九九二年發表的文章作序時特別提到，安娜・佛洛伊德似乎認為，任何有別於她父親的治療結構或形式都是一種違反正統、一種背叛。但我們似乎也不能否認，安娜・佛洛伊德這樣對待她的小病人有當時社會文化的影響。那個年代，很少人把小孩當小孩，特別是中產階級家有乳娘的家庭。小孩被認為是縮小版的大人被教育著，因此，把九歲的小孩放到躺椅上，叫他自由聯想，也並不是什麼驚世駭俗的事。這樣看來，同一個時期在柏林開始兒童精神分析的克萊恩真是個天才。她主張，小孩的遊戲本身就是「自由聯想」。這個主張經過七、八十年的臨床考驗後，已成為兒童精神分析／心理治療的常識。

回到故事本身。海勒後來像許多當時的猶太人一樣，跟著父母逃難，經英國移民美國，在美國繼續高等教育，一路掙扎著從戰亂、被迫移民及被歧視的創傷中復元，最後成為文學博士，在大學教授德國文學，並有重要著作。一九七二年十一月，海勒收到安娜・佛洛伊德寄還的他當年接受分析時的詩作，並詢問他，她死後，是否該把當年分析他時所做的記錄寄還給他或是將其銷毀。海勒立刻去信表達若是安娜能在她還在世時就將這些資料寄還給他，他會非常感激。安娜．佛洛伊德在一陣猶豫後，於一九七四年把與海勒有關的資料悉數寄給了他。

安娜．佛洛伊德一直是公認的最擅於保存及分類資料的人，在那沒有電腦的年代，她就發明類似電腦分類的資料分類法，用於保存及整理她的晤談記錄及衡鑑資料。因為如此擅於保存資料，海勒從她那兒拿回了一段被完整記錄的歷史。這段歷史，不僅對海勒個人意義重大，也對精神分析的發展，特別是安娜．佛洛伊德的思路的轉變，及後來自我心理學（Ego Psychology）的發展意義重大。

一九八三年，安娜．佛洛伊德死後一年，海勒出版了德文版的《安娜．佛洛伊德的兒童分析》（*A Child Analysis with Anna Freud*，暫譯）。書中原版呈現安娜．佛洛德的分析記錄，作者本身對自己當年的詩及畫作的詮釋及說明，以及一同編輯此書的分析師畢特納（Günther Bittner）的評論。一九九〇年，此書被翻譯成英文後在英語世界出版。海勒在英文版的序言裡用優美的文字描繪著他對精神分析及安娜．佛洛伊德的愛與恨。這當有許多不足為外人道的痛苦，像是診療室裡的內在世界與學校生活的外在世界重疊，像是要和同班同學共同分享一個分析師，像是你的爸爸是你的分析師的朋友，像是你的老師和你的分析師是同事……。這些當代心理分析及治療小心避免的雙重關係在當年像蜘蛛網一般重重疊疊地交織著，沒有人知道這樣的網絡會帶來什麼樣的傷害，直到這些心理傷害在日後被一一指認出來。

海勒清楚地指出「當年的」精神分析圈就像是宗教集團，眾人圍繞著「教主」佛洛伊德進行各式各樣形式的「心理膜拜」。一個追求思想自由及民主的學問，很弔詭地落入另一種思想及創造的畫地自限。然而，這當中並非沒有對病人或受分析者真誠的關注和真心的著想。只是這兩個因素的交互作用，給當事人帶來極深的心理痛苦和無法掙脫的困境。

十八歲，海勒與父親逃到英國，然後落腳加拿大（英國不願意這群講德語的猶太人留在英國），被監禁觀察了一年半後，終於重獲自由，並很快地與他的青梅竹馬，桃樂絲·博靈漢的女兒婷琪（Tinky）結婚，移民美國，很快地做了父親，然後很快地發現自己沒有能力當一個父親，沒有辦法當一個忠實的丈夫，沒有辦法繼續他的學業……。他於是尋求精神分析。這回，他找到了克爾斯（Ernst Kirs），而這個人選當然是他丈母娘及丈母娘的密友安娜．佛洛伊德推薦的。這第二次的分析，他只在一九八三年出版的書中一筆帶過，一直到十多年後，他在美國國會圖書館裡讀到安娜．佛洛伊德與克爾斯的通信，他才驚駭地發現，他的第二段分析仍然逃不出「精神分析家庭式的重重疊疊交織的網絡」。

打從一開始，安娜．佛洛伊德就希望知道這段分析進行的情況。她寫信要求克爾斯讓她可以「旁聽」（listening in），於是克爾斯細細地向她報告海勒的病態幻想，分析的進展，他甚至強調，因為海勒實在病得太嚴重，所以他用了許多規勸、鼓勵、督促，他說他並沒有在做分析。他甚至因為太擔心海勒與婷琪的婚姻狀況，於是請安娜．佛洛伊德想辦法告知桃樂絲．博靈漢，由她轉告或協助婷琪面對她與海勒可能會有的婚姻危機。信中，克爾斯還因為不知道倒底要洩露多少保密的晤談資料而大傷腦筋。這一切，讀起來都太駭人。

海勒用文學的筆細細描繪出這「病態的精神分析社交圈」，指出那些有能力不落入「移情圈套」而能"break away"的人，才有機會長出「自己」。這樣看來，他與婷琪的離婚雖然在當時帶給他極大的痛苦，卻在日後證明是他重生的機會。與婷琪離婚後，他終於變成「圈外人」，終於不必再被搖控，終於有成長的空間。然而，他也清楚表明，記錄這段經歷，旨不在進行任何攻擊，他所陳述的是他所參與的歷史。即使是知道「內幕」後，他對精神分析仍有情，而他描述精神分析的筆仍然溫暖。而我，在歷史的這一端看得冷汗直冒，並慶幸自己是在二十一世紀初學習精神分析。一百多年後，我們不只對移情有更深刻的瞭解，我們對治療師／分析師的反移情也有比較多的體會；一百多年後，有很多事被看清楚了，被瞭解了，我們知道該在哪裡步步為營，該在哪裡小心翼翼。

—參考文獻—

Heller, P.（1990）A child Analysis with Anna Freud. International Universities Press, Inc. The first version of the major portions of the book appeared in German, with a commentary by the coeditor, Günther Bittner, as Eine Kinderanalyse bei Anna Freud（1929-1932）, published by Königshausen & Neumann, Würzburg, 1983.

Heller, P. （1992）. Reflections on a Child Analysis with Anna Freud and an Adult Analysis with Ernst Kris. With Paul Roazen’ s introduction, Journal of the American Academy of Psychoanalysis, v. 20（1）, p.48.

Lectures on The Development of Psychoanalytic Theory at the Tavistock Centre, leading lecturer: David Bell.

附註

12 在英國，「精神分析導向心理治療」與「精神分析」的區別很難界定。英國精神分析學會的網站上清楚地寫著，精神分析指的是躺在躺椅上接受合格的精神分析師一週五次的心理分析。凡是治療頻率少於五次的，不能稱之為精神分析。精神分析導向心理治療則對治療的頻率比較有彈性，次數可以從一週一次到一週四次或五次，看病人或家屬可以承擔的程度。近來，這樣嚴格的定義已漸漸鬆動。

13 塔維斯托克診所成立於一九二〇年，原址即在倫敦的塔維斯托克廣場（Tavistock Square，所以取其名為塔維斯托克）。第一次遷址時，遷到了倫敦大學附近的馬雷特普雷（Malet Place）街，第二次遷址時，遷到了梅爾朋路附近的博蒙街（Beaumont Street）。一九六七年，塔維斯托克診所遷進瑞士凱提（Swiss Cottage）附近的新大樓塔維斯托克中心（Tavistock Centre）。

爭論及發展

剛剛結束「佛洛伊德—克萊恩論爭」一課，讀的是理卡多・史坦勒與柏爾・金合編的《佛洛伊德—克萊恩論爭》（1991, Roultledge 出版）。五堂課，授課的分析師是約翰・辛（John Keene）。這五堂課應該算作是「英國精神分析學會家族史」，作為剛入門的子弟，瞭解一下家族發展是必要的，不管是「鑑往知來」，以免重蹈覆轍，或是「尋其根，以知其所來」，皆是不可缺的「家庭教育」。

二〇〇五年，英國精神分析學會已經取消了學派之區別，當年安娜・佛洛伊德的強烈反對：「我不要她（克萊恩）教我的學生。」及她與克萊恩於學會內舉辦的理論及技巧論爭後協商出來的教學方案已正式取消，不再有所謂的A團及B團之別，畢業後的精神分析師們也得花一段時間思考，「究竟我的取向是偏向當代佛洛伊德」，還是「當代克萊恩」，抑或是所謂的「中間／獨立取向」。從此以後，沒有所謂的學派，有的是「傳統」（tradition）。但，誠如狄莉絲所言，這就像是宣稱不再有宗教派別之分，大家全是無神論，但是有所謂的「佛教無神論」、「基督教無神論」及「猶太教無神論」；事實是，大伙兒還是需要一個身份認同，於是雖然不再是「各立山頭老死不相往來」，私底下，個別的分析師還是會尋求學派之根源或公開或默默地將自己放在某一個團體裡。而此種「團體認同」的需要在沉寂了一段時間後終於公開出現。

當代佛洛伊德學派

二〇一〇年二月十七日，自我認同為「當代佛洛伊德學派」的分析師們舉辦了第一次「當代佛洛伊德學派」（contemporary Freudian study group）的團體聚會。分析師安吉拉・喬埃斯（Angela Joyce）於會前致詞時特別聲明，此聚會並不在宣告派別之爭將持續，而在宣告「當代佛洛伊德學派」並未因為學派界線之取消而消聲匿跡，當代佛洛伊德學派的成員將持續其團體聚會，而且此聚會歡迎學會裡的所有會員參加。我這個一年級新生因為好奇決定親臨現場，感受一下當代佛洛伊德學派的思想。這次團會裡，發表論文的是瑪莉安．帕森斯（Marianne Parsons），而負責討論的則是偉大的安－瑪麗．山德勒。安—瑪麗．山德勒與她的丈夫約瑟夫．山德勒（Joseph Sandler）是當代佛洛伊德學派的重要代表之一，不過自從山德勒先生去世，而山德勒太太也年高德卲，這個學派的重要代表人物大概得說是羅希尼．約瑟夫．板爾柏克。

談到山德勒先生，得先岔題說件軼聞。聽說，聽茱莉亞．法布利休斯（Julia Fabricius）分析師說，在山德勒先生的追思禮拜上，有位他生前的受分析者上台追念他，提到當年她接受分析時經常遲到，山德勒先生左分析右分析，詮釋她對分析的破壞驅力，詮釋她內在的缺席客體，怎麼詮釋都沒什麼用，她還是一直遲到，直到有一天，山德勒先生問她，「妳知不知道有種東西叫做鬧鐘？」她離開後去買了個鬧鐘，從此不再遲到。

回題。

瑪莉安・帕森斯是安娜佛洛伊德中心訓練出來的兒童分析師，已退休。二月十七日那天，她報告的是她於安娜佛洛伊德中心治療的十九歲青少女。有趣的是，她的論文及當天的討論與我在塔維斯托克受訓時參加的臨床討論會並無大不同。眾人專注的是病人的家庭背景，父母親的關係，父女及母女關係如何影響當事人內在的客體關係，童年發生的創傷事件如何於日後在當事人的生活裡重演，案主的親密關係如何反映了其童年與父親之間刺激的病態連結，及她因為母親的憂鬱而發展出來的某種焦慮。凡此種種皆是克萊恩學派治療師會注意的焦點，我的好奇是，「所謂的不同在哪裡呢？」

所謂的不同經過長時間的發展及演化，已經不是那麼明顯，特別是在診療室裡面對一個活生生的青少年或小孩或成人的時候。茱莉葉・霍普金斯，從塔維斯托克退而未休的兒童及青少年心理治療師曾說，近來，她督導的學生不管是在哪裡受訓，其所使用的臨床技巧已看不見學派之別，唯有在受督導的學生開始談起其背後的理論假設時，其受訓的學院之差異才突顯出來，於是看出，某人是從安娜佛洛伊德中心來的，另一個人則是從塔維斯托克來的。成人精神分析亦有類似的發展趨勢。

波特曼心理治療中心

二〇〇八年十月因為參加英國精神分析學會所辦的研究會而認識了與塔維斯托克中心只有一牆之隔的波特曼（Portman）心理治療中心，參加了該中心的臨床工作討論會，被會議裡眾人激辯精神分析理論及技巧的熱情所感動，此種友善而熱烈的討論非常少見，而我當下決定一定要到這個中心工作，於是申請了義務心理治療師的缺。開始在這個中心工作的最初幾個月，我總覺得，中心的同仁們非常「克萊恩學派」，一直到半年後，才震驚地發現，這個中心正是克萊恩的死對頭愛德華・葛拉弗（Edward Glover）於一九三四年所創立，而中心裡二十幾位精神分析師及精神分析導向心理治療師只有一位是克萊恩學派，其餘皆是「獨立學派」。這個個人經驗呼應了英國精神分析在臨床工作上的漸趨統合，診療室裡的移情是核心也是詮釋素材的主要來源之一。在學派已漸趨模糊的同時，眾人爭辯的是做詮釋的細節，而關注的核心則是對病人這個人的瞭解。

有趣的是，在閱讀《佛洛伊德—克萊恩論爭》一書時，約翰・辛完全跳過了葛拉弗的評論，卻沒有漏掉其他任何一個人的看法。當我問起葛拉弗為什麼在整個論爭過程裡火氣這麼大時，約翰・辛認為我們應該直接閱讀會議紀錄，以便體會葛拉弗當下使用的語言。他確實是對克萊恩做了許多人身攻擊。大伙兒皆知他是克萊恩的女兒（亦是精神分析師）的分析師，而大伙兒皆知克萊恩的女兒找葛拉弗做分析有很大的成分反映了她與她母親之間的衝突及情結。事實上，葛拉弗原先對克萊恩並無偏見。一九二六年，克萊恩受恩內斯特・瓊斯之邀於英國精神分析學會裡做的幾場演講深受好評，大伙兒對她某些較前衛的思想及技巧也抱著「大家可以討論討論」的態度，葛拉弗甚至是欣賞克萊恩的英國精神分析師之一。困難及衝突白熱化並惡化起因於佛洛伊德一家人逃難到倫敦，之前遠距離的辯論，現在是近距離的資源重新分配，加上二次大戰的影響，資源很有限的情況下，難免覺得爭輸了就得面對末日。於是大家都變得有點法西斯，特別是克萊恩及安娜兩組人馬。基本教義派形成後，就很難有發展的自由了。

葛拉弗在論爭尚未結束就因為受不了了，而離開。他不只離開此場世紀大論爭，他甚至完全離開英國精神分析學派，他加入瑞士精神分析學會，繼續他對精神分析的貢獻。他所提出的「核心情結」（core complex）理論是瞭解病態人格違常的重要理論。安娜・佛洛伊德也離開了一陣子，但她決定回到討論裡，把這場理論之爭的討論會走完。這場論爭之後，理論及技巧得到不少澄清，但殺傷力亦極其強大。從此，學派之間老死不相往來一直到另一個千禧年開始。

寫於二〇一〇年三月

Holistic 084

佛洛伊德也會說錯話：精神分析英倫隨筆

作者—樊雪梅

出版者—心靈工坊文化事業股份有限公司
發行人—王浩威
總編輯—王桂花
執行編輯—黃心宜
通訊地址—10684 台北市信義路四段 53 巷 8 號 2 樓
郵政劃撥—19546215
戶名—心靈工坊文化事業股份有限公司
電話—02）2702-9186
傳真—02）2702-9286
Email—service@psygarden.com.tw
網址—www.psygarden.com.tw
印刷—漾格科技股份有限公司
總經銷—大和書報圖書股份有限公司
電話—02）8990-2588
傳真—02）2990-1658
通訊地址—242 新北市新莊區五工五路 2 號（五股工業區）
初版一刷—2013 年 6 月
ISBN—978-986-6112-73-7
定價—280 元

國家圖書館出版品預行編目資料

佛洛伊德也會說錯話　：精神分析英倫隨筆 / 樊雪梅作. -- 初版. -- 臺北市：心靈工坊文化，2013. 06
面；公分. --（Holistic；084）
ISBN 978-986-6112-73-7（平裝）

1. 佛洛伊德（Freud, Sigmund, 1856-1939）　2. 學術思想　3. 精神分析學

175.7　　102010311

心靈工坊 PsyGarden

書香家族 讀友卡

感謝您購買心靈工坊的叢書，爲了加強對您的服務，請您詳塡本卡，
直接投入郵筒（免貼郵票）或傳眞，我們會珍視您的意見，
並提供您最新的活動訊息，共同以書會友，追求身心靈的創意與成長。

書系編號—Holistic 084　書名—佛洛伊德也會說錯話：精神分析英倫隨筆

姓名　是否已加入書香家族？ □是 □現在加入

電話 (O)　(H)　手機

E-mail　生日　年　月　日

地址 □□□

服務機構　職稱

您的性別—□1.女 □2.男 □3.其他

婚姻狀況—□1.未婚 □2.已婚 □3.離婚 □4.不婚 □5.同志 □6.喪偶 □7.分居

請問您如何得知這本書？
□1.書店 □2.報章雜誌 □3.廣播電視 □4.親友推介 □5.心靈工坊書訊
□6.廣告DM □7.心靈工坊網站 □8.其他網路媒體 □9.其他

您購買本書的方式？
□1.書店 □2.劃撥郵購 □3.團體訂購 □4.網路訂購 □5.其他

您對本書的意見？
□ 封面設計　1.須再改進 2.尚可 3.滿意 4.非常滿意
□ 版面編排　1.須再改進 2.尚可 3.滿意 4.非常滿意
□ 內容　1.須再改進 2.尚可 3.滿意 4.非常滿意
□ 文筆／翻譯　1.須再改進 2.尚可 3.滿意 4.非常滿意
□ 價格　1.須再改進 2.尚可 3.滿意 4.非常滿意

您對我們有何建議？

▲您的意見，我們將轉貼在心靈工坊網站上，www.psygarden.com.tw

廣　告　回　信
台北郵政登記證
台北廣字第1143號
免　貼　郵　票

10684台北市信義路四段53巷8號2樓

讀者服務組　收

免　貼　郵　票

（對折線）

加入心靈工坊書香家族會員
共享知識的盛宴，成長的喜悅

請寄回這張回函卡（免貼郵票），
您就成為心靈工坊的書香家族會員，您將可以——

⊙隨時收到新書出版和活動訊息

⊙獲得各項回饋和優惠方案